영어 왕초보지만
네이티브처럼

영어 왕초보지만 네이티브처럼

1판 1쇄 인쇄 2021년 11월 15일
1판 1쇄 발행 2021년 11월 19일

지은이 유명현
펴낸이 이기준
펴낸곳 리더북스
출판등록 2004년 10월 15일(제2004-000132호)
주소 경기도 고양시 덕양구 지도로 84, 301호(토당동, 영빌딩)
전화 031)971-2691
팩스 031)971-2692
이메일 leaderbooks@hanmail.net

ISBN 979-11-90616-51-5 03740

쉬운 단어로 **절대공감**하는 표현 TOP120

영어 왕초보지만 네이티브처럼

유명현 지음

리더북스

추천의 글

기술의 발전과 세상의 변화가 시작되는 실리콘밸리에서 불변의 철학적 가치를 깨달았다는 유명현은 '왜 우리는 영어를 배워야 하는가?'라는 질문을 '왜 우리는 선도력을 가져야 하는가?'라는 질문과 연결시키려 노력했다. 그녀는 외국어 공부도 인간으로 성장하고 품격있는 삶을 살기 위해서 반드시 거쳐야 하는 하나의 필수적인 관문으로 여긴다.

— 최진석(서강대학교 철학과 명예교수)

이 책은 저자의 경험과 통찰이 녹아있는 친절한 영어책입니다. 아주 쉽고 공감할 수 있는 표현으로 학습자들의 심리적 장벽을 낮추려는 따뜻한 의도가 느껴집니다. 원어민의 문화와 영어식 사고를 먼저 알게 해주려는 배려도 눈에 띕니다. 모든 것이 급변하고 있는 시대에 우리의 생활은 영어와 떼려야 뗄 수가 없습니다. 늘 어렵기만 했던 기본 영어회화 실력을 향상하는 데 도움이 되는 최고의 책이라 추천합니다.

— 최진영(코리아헤럴드 대표이사)

들어가는 글

똑똑하기보다
친절하기가 더 어렵다

아마존의 CEO 제프 베이조스Jeff Bezos는 세계 최고 부자다. 그의 프린스턴 대학 연설을 들은 적이 있다. 어린 시절 경험담이 와 닿아서 오랫동안 머릿속에 맴돌았다.

제프 베이조스는 유년시절에 텍사스에 있는 조부모님 목장에서 여름을 보내곤 했다. 열 살쯤 되었을 때 조부모님과 함께 차를 타고 여행을 떠났다. 하지만 여행이 즐겁지만은 않았다. 할아버지는 운전하시고 할머니는 조수석에 앉으셨는데, 긴 여정이 지루하셨는지 할머니께서 가는 내내 차 안에서 담배를 피우셨다. 베이조스는 차 안에 퍼지는 담배 연기가 무척이나 싫었다.

문득 어디선가 보았던 금연 광고가 떠올랐다. '담배를 한 모금 빨아들일 때마다 수명이 2분씩 줄어든다.'라는 광고였다. 대략 암산을 해 보니 할머니의 수명이 9년 정도 줄어들 것 같았다. "어린아이가 이렇게 수학을 잘하다니, 정말 똑똑하구나." 하며 칭찬해 주실 거라고 생각하니 몹시 기대가 되었다. 베이조스는 할머니께 재빨리 말씀드렸다.

"At two minutes per puff, you've taken nine years off your life!"

아쉽게도 예상은 빗나갔다. 할머니는 곧바로 울음을 터뜨리셨다. 어린 베이조스는 할머니가 우시는 모습을 보고 당황해서 어찌할 줄을 몰랐다. 운전하시던 할아버지가 천천히 차를 세우셨다. 뒷좌석 문을 여시고는 점잖게 말씀하셨다.

"Jeff, one day you'll understand that it's harder to be kind than clever."

(제프, 언젠가 너는 알게 될 거란다. 똑똑하기보다 친절하기가 더 어렵다는 것을.)

제프 베이조스의 어린 시절 얘기를 들으며, 마치 베이조스의 할아버지가 환생하셔서 내게 해 주시는 말씀 같았다.

"명현아, 언젠가 너는 알게 될 거란다. 똑똑하기보다 친절하기가 더 어렵다는 것을…."

오랜 연륜과 지혜가 함축된 할아버지의 한마디가 내 뒤통수를 세게 때렸다. 할아버지의 말씀을 들은 이후로 미세한 내면의 음성이 들려왔다.

'이제 정신 차리라고. 말 한마디에 천 냥 빚을 갚지도 못하고 사람도 잃는 헛똑똑이 노릇은 그만하라고. 세상에 똑똑한 사람은 나 말고도 차고 넘친다고. 어떤 상황에서도 친절과 겸손을 유지할 수 있는 내공을 쌓으라고.'

상대를 위한답시고 이런저런 말들을 가리지 않고 마구 내뱉었던 부끄러운 기억들이 있다. 당시에는 내 말에 가시가 한가득 돋친 줄 미처 몰랐다. 온전히 상대를 위한 이타적인 행위인 줄 착각했다. 내 말에 어처구니가 없어서 세상이 멈춘 듯 끝내 뒷말을 잇지 못하던 사람들의 얼굴이 하나하나 주마등처럼 스쳐 지나갔다.

어린 베이조스 또한 그때 깨달았나 보다. 그의 똑똑한 수명 계산법으로 인해 할머니께서 감동하시며 당장 금연을 실천하시지 않는다는 것을.

제프 베이조스는 성인이 되어 전무후무한 사업 성공으로 세계 최고의 부자가 된 이후에도 똑똑함보다는 친절을 외치고 있다. 그것도 똑똑한 거로는 둘째가라면 서러워할 프린스턴 대학 졸업생들에게 말이다. 친절과 겸손을 배제한 지식은 그리 큰 효용이 없다.

제프 베이조스의 프린스턴 대학 졸업식 연설 일부

One day, you'll understand that it's harder to be kind than clever.

(똑똑하기보다 친절하기가 더 어렵다는 것을 여러분은 언젠가 알게 될 겁니다.)

How will you use your gifts? What choices will you make?

(당신의 재능을 어떻게 쓸 건가요? 어떤 선택을 할 건가요?)

Will you be a cynic, or will you be a builder?

(비꼬는 사람이 될 건가요? 상대를 세워주는 사람이 될 건가요?)

Will you be clever at the expense of others, or will you be kind?

(사람을 잃으면서까지 똑똑함을 입증시킬 건가요? 아니면 친절하게 대할 건가요?)

In the end, we are our choices.

(결국 우리는 각자 선택의 결과물에 불과합니다.)

제프 베이조스는 나머지 연설에서 '똑똑함'과 '친절함'을 '재능'과 '선택'으로 녹여내며 예화를 풀어간다. 똑똑함은 '재능(talent)'의 영역이고 친절함은 '선택(choice)'의 영역이다. '재능'은 순전한 대가 지불보다 거저 얻은 분량이 훨씬 더 크다. 선천적으로 유전자 속에 배어있는 재능의 함량이 타인보다 높기에 출발선이 빠르다. 그러니 모든 것이 자신의 노력 덕분인 양 으스대면 대놓고 반칙하는 것이다.

반면 선택은 어렵다. 어떤 상황에서도 상대를 존중(honor)하며 선의의 관계로 풀어가는 것은 오로지 선택의 영역이다. 재능이 끼어들 틈이 없다. 역으로 자신의 재능을 무기 삼아 상대를 깎아내리고 말로 이겨 먹기는 쉽다. 선택이 끼어들 틈이 없기 때문이다. 어떤 관계 속에서도 의도적인 선택을 등지고 당신의 재능을 어필하려 들면 그 재능은 빛을 발하지 못한다.

이 책을 읽고 나서 당신이 구사하는 더 나은 버전의 영어 또한 지식과 공감이 만들어낸 지성의 결정체가 되길 바란다.

영어 공부는 절대 배신하지 않는다

지구촌에서 영어를 사용하는 사람은 약 12억 7,000만 명이다. 모국어 사용자뿐 아니라 외국어로 영어를 사용하는 사람들까지 합산하면 영어는 전 세계에서 가장 많이 사용하는 언어다.

영어는 원래 영국의 잉글랜드에서 기원한 서게르만어군 언어다. 18세기 중반, 영국과 프랑스는 식민지 쟁탈전을 벌였다. 프랑스는 영국과 전쟁해서 패했고 모든 식민지를 영국에 빼앗긴 후 북미에서 물러났다. 승리를 거둔 영국은 세계 각지에 '해가 지지 않는' 영국 식민지 제국을 세우기 시작했다. 그 후 식민지에서 얻은 막대한 이익으로 경제를 성장시킨 산업혁명까지 이루어냈다. 이렇게 인구가 700만에 불과했던 영국은 세계에서 절대적인 세력을 가진 강대국으로 거듭났다. 바로 이 역사가 현재 영어가 전 세계에서 사용될 수 있는 확고한 입지를 다져주었다.

영국의 힘이 강해진 만큼 영국 언어인 영어를 모두 사용하게 되었다. 만약 영국이 전쟁에서 패하고 프랑스가 승리했다면 전혀 다른 이야기가 전개되었을 것이다. 글로벌 사회에 사는 우리는 영어의 영향권에서 벗어날 수 없다.

우리는 아침에 alarm 소리를 듣고 smart phone의 messages를 확인한다. coffee를 마시고 email 답장을 한 다음 meeting에 참석한다. lunch menu가 유명한 restaurant에 가서 dessert를 먹고 저녁엔 wine 한 잔을 마시며 party를 즐긴다. 이렇게 영어는 이미 우리의 일상과 언어의 일부가 되었다.

러시아 사람은 말레이시아에서 프랑스인을 만나면 영어로 말을 건다. 이렇게 영어가 전 세계인의 기본값인 너무나 당연한 현실에서 살고 있다. 어쩌면 지금이 단군 이래로 영어를 배우기 가장 쉬운 시대인지도 모른다. 손만 뻗으면 영어를 가르쳐주는 매체들이 곳곳에 넘쳐나기 때문이다. 그런데도 영어 공부는 그리 호락호락하지 않다.

'영어 공부'는 듣기만 해도 심리적인 장벽이 생기게 마련이다. 우리말도 제대로 알지 못하는데, 평소에 할 일이 얼마나 많은데, 요즘 금융, 재테크를 배우는 것 또한 중요한데 영어까지 배우려니 그것을 수용할 심리적인 여지가 없다. 그래서 '영어 공부'는 인생의 미해결 항목으로 마음 속 어딘가에 찝찝하게 남아있다.

'공부'라는 거창한 목표 대신에 내 안의 '또 다른 자아'를 조금씩 만들어가는 접근이 더 좋다. 영어를 꾸준히 접하고 익숙해지면 언어를 단순히 이해하는 것과는 별개로 또 다른 세상이 내 안에 들어온다. 자연히 내 안에 다른 언어와 그 문화를 구사하는 또 다른 새로운 자아(페르소나)가 생긴다.

"영어 공부가 의외로 쉬웠어요." "영어 공부가 제일 재미있어요."라고 말하는 사람은 아마도 이런 내적 경험을 하지 않았나 조심스럽게 짐작해본다.

외국어를 배우는 것은 단순히 학습만 하는 개념이 아니다. 한 개인이 가진 인지 기능의 모든 측면을 활용하여 종합예술의 퍼포먼스를 하는 것과 같다. 모국어의 범위에서만 세상을 바라보고, 편하고 익숙한 사람들하고만 소통하면 정체되기 마련이다. 세상은 넓다. 다양한 언어, 다양한 문화를 가진 사람들과 어울리지 않고 살기에는 우리의 인생은 너무나 길다. 한국적인 맥락으로만 세상을 이해하기엔 신기하고 재미있는 다양한 세계 문명들이 우리를 기다리고 있다.

영어를 모국어로 사용하는 국가는 대부분 선진국이다. 선진국은 정치·경제·문화의 발달이 앞선 나라다. 선진적인 사고와 행동은 그 언어에 고스란히 묻어난다. 때문에 '영어'라는 언어에는 선진적인 사람들의 합리적인 사고, 철학적 접근, 승자의 여유, 신사적인 배려 등이 녹아 있다. 영어를 잘한다는 것은 단순히 영어 단어와 문법을 많이 알고, 높은 시험 점수를 받고, 회화를 잘 구사한다는 의미만은 아니다. 그것을 뛰어넘어 선진 문화에 익숙해지고 선진적인 사람이 되어 보는 절호의 기회다.

동시에 누군가의 말 속에는 그 사람의 인생이 녹아 있다. 이 세상에 유토피아는 없듯, 선진국이라고 해서 늘 '행복하다', '만족하다', '감사하다' 따위의 사탕발림 표현만 쓰지 않는다. 의외로 부정적인 표현을 신랄하게 던지고 때로는 완곡하게 하는 경우도 많다. 영어 표현 자체도 좋지만 그들의 말 속에 배어있는 그들의 사고와 그들의 삶을 봤으면 한다. 같은 뜻이지만 다른 소리와 언어로 쓰이는 표현들을 보며 먼저 그들과 공감했으면 한다. 잘 알지 못하고 교감할 수 없는 사람과 사랑에 빠질 수 없듯이, 단순히 영어 단어를 많이 아는 것만으로는 부족하기 때문이다.

이 책을 통해 학교, 학원에서 배울 수 없었던 영어의 색채, 농도, 질감, 영어를 쓰는 사람들의 태도와 품격에 대해 어느 정도 감을 잡았으면 한다. 영어 속에 배어있는 세계관, 문화, 공유된 가치라는 골수를 거쳐야 비로소 온몸에 피처럼 흐른다. 그제야 제대로 된 영어를 구사할 수 있다.

영어를 가르치다 보면 의외로 뚜렷한 목표 없이 시작하는 학습자들이 많다. 굳이 한국어로 해도 되는데도 뜬금없이 영어 단어를 매번 남발하며 자신의 지적 수준을 은근히 상대에게 어필하려는 사람도 있다. 어떤 사람들은 자신이 영어에 일가견이 있다는 인정을 받고 싶어 내게 먼저 접근한다.

"선생님, 한인들이 많이 사는 LA 같은 지역에서 나고 자란 2세들은 영어 발음이 영 이상하다면서요?"

"선생님, 저도 익히 들어 알고 있어요. 미국의 남부로 갈수록 모음이 좀 늘어지죠."

이렇게 미국에서 살다 온 사람들이 풀어놓은 몇 가지 썰을 가지고 대화를 시도한다. 하지만 몇 마디 더 나눠보면 기본적인 언어와 문화의 토대가 없는 경우가 많다. 외부에서 들은 조각 정보들은 많지만 근본적인 이해는 없다. 영어에 일가견이 있고 남다른 정보를 수집하고 있다는 것을 어필하려는 의도일 뿐이다. 그릇된 허세는 늘 들통이 난다.

항상 신간으로 나오는 영어 교재들은 거의 다 '왕초보', '기초 영어책'들이다. 애매한 타이밍에 영어 공부를 그만두고 늘 처음부터 다시 시작하는 독자를 노리는 출판사들의 전략이기도 하다. 많은 경우 유튜브와 넷플릭스를 전전하며 영화와 미국 드라마를 많이 보는 것에 마음의 위안을 둔다. 그들의 언어와 문화를 알고 싶고 실제로 소통하고픈 욕구를 잠시 충족해주는 대용품인지도 모른다. 이런 경우에는 굳이 영어를 공부해야 한다고 생각하기보다 새로운 것에 도전한다고 인식을 바꾸고 재미있게 즐겨 보는 것도 좋다.

유학생 시절, 때마침 불어닥친 리먼브라더스 서브프라임 모기지 사태로 상황이 어려워졌다. 덕분에 무일푼으로 미국 생활을 해야 했다. 감사하게도 뉴욕주의 공립학교에서 일자리를 얻어 교사로 근무했지만, 따로 취업비자와 영주권을 신청하는 과정에서 사기를 당했다. 하지만 돌이켜 생각해보니 이 모든 문제를 겪는 과정에서 생각지도 못했던 우연한 기회와 만남을 가질 수 있었다. 이런 성장의 계기로 인해 생의 고비마다 유연하게 헤쳐 나올 수 있었다.

영어 그 자체는 '중립'이다. "영어를 공부하다 보니 내가 업그레이드

되는 것이 느껴져." "너무 어렵고 귀찮아." 등등 어떤 의미를 부여할지는 각자의 몫이다. 영어를 공부하면서 행복할지, 불행할지, 성장할지는 각자의 선택이다.

참고로, 언어의 길을 터주면 생각한 것보다 더 많은 인생의 선택지가 주어진다. 내가 미국 현지 학교에서 교사로 일했던 것, 실리콘밸리에서 천재들과 함께 일할 수 있었던 것도 '영어'라는 길을 먼저 터줬기 때문이다. 그런 의미에서 영어 공부는 인생에서 절대 나를 배신하지 않았다. 정말 중요하고 결정적인 순간에 '영어'라는 무기로 원하는 것을 얻어낼 수 있었기 때문이다.

미국 실리콘밸리에서 자주 쓰이는 영어가 있다. '10X'라는 표현이다. '10배 더 많이' 즉 '훨씬 더 크게'라는 의미다. 삶을 10배 확장하는, 즉 다른 차원으로 끌어올리는 계획을 '10X plan(텐 엑스 플랜)'이라고 한다. 나는 영어 공부가 단순히 어학 공부, 표현 암기의 수준이 아니라 당신의 의식을 다른 차원으로 끌어올리는 10X의 계기가 되기를 간절히 원한다.

What's your 10X plan for your life?

(당신의 삶을 위한 10X 계획은 무엇인가?)

인생은 곱셈이다. 어떤 기회가 와도 내가 0(영)이면 아무 의미가 없다. 당신은 얼마든지 변화할 수 있는 유연하고 역동적인 존재다. 변화할 수 있는 잠재력을 가진 자신을 그 누구보다 믿기를 바란다.

"The biggest risk you can take is not taking any risk."

(가장 큰 리스크는 아무 리스크도 지지 않는 것이다.)

내가 좋아하는 페이스북 초기 투자자, 《Zero to One》의 저자 피터 틸(Peter Thiel)의 명언이다.

마찬가지로 이 책을 사 놓고 가만히 있는 것이 가장 큰 위험이다.

Use it, or lose it. (안 쓰면 잃게 되니까.)

Contents

Chapter 01

Chapter 02

Contents

Chapter 03

Chapter 04

Contents

Chapter 05

Chapter 06

Chapter 01

DAY 001 ~ DAY 020

DAY
001

Down to earth
좋은 사람

Down to earth는 '지구 아래 방향을 향하고 있다.'라고 문자적으로 해석할 수 있겠지만, 잘난 척하며 허세를 부리기보다는 '매우 인간적이고 현실감 있다.'라는 표현이다.
사람에게 쓰일 때는 '인간적이고 소탈한'으로,
사건이나 상황에 쓰일 때는 '현실성 있는'으로 해석하면 된다.

EXPRESSIONS 10번 읽으세요

She is always down to earth.
그녀는 항상 인간적이야.

쉬운 단어로 네이티브처럼 말하기

He was really down to earth.
그는 정말 좋은 사람이었어.

They're humorous and down to earth.
그들은 유머가 있고 소박해.

My mother-in-law is really down to earth.
우리 시어머니는 정말 좋으신 분이야.

Down to earth는 문자적으로 해석하면 '지구 아래 방향을 향하고 있다.'이지만, 원래 의미는 '매우 진정성 있는', '현실적인'이라는 표현이다. 꽤 높은 차원이라 '공감이 안 될 것이라 생각했던 누군가가 실제로 만나보니 일반인들처럼 같은 위치에 있다.'라고 연상하면 이해하는 데 도움이 된다. 쓸데없이 허세를 부리기보다는 '소박하고 털털한 사람'을 가리키기도 한다.

서구 사회에서 높은 평가를 받는 사람들의 특징은 무엇일까? 소위 '성공했다'라고 하는 사람보다는 생활 스타일, 자기관리, 겸손, 근면과 같은 외적, 내적 습관이 탁월한 사람들이 높이 평가받는다. 집안, 학벌, 스펙, 외모보다는 주변 사람들과의 안정적인 관계, 정직성, 자신보다 못한 처지에 있는 자에게 베푸는 친절로 그 사람의 총체적인 면모를 따진다.

미국 사회에서는 단순히 돈을 많이 벌어들인 사람은 성공했다는 인정을 받기 힘들다. 그가 경제적 부를 이루기까지의 전천후 행적을 살펴보고 인정한다. 《What you do is what you are》(당신이 하는 행동이 바로 당신이다)라는 책 제목처럼 그들은 태도와 행동을 칭찬하고 인정해준다.

성격과 태도, 행동에 관한 단어를 살펴보자.

내성적인(Introvert), 외향적인(Outgoing), 수줍어하는(Shy), 예민한(Sensitive), 친근한(Friendly), 긍정적인(Positive), 활발한(Active), 예의 바른(Polite), 사교적인(Sociable).

DAY 002

Significant other
중요한 사람(애인/배우자)

Significant other는 사회심리학적 의미를 지니고 있다.
직역하면 '의미 있는 타인'이다. 자신에게 강한 영향을 끼치는 타인,
즉 자신의 삶에 있어 매우 중요한 존재인 남편, 아내, 애인을 통틀어 칭한다.
주로 불특정 다수에게 구체적으로 밝히고 싶지 않은 관계일 때 쓰는 표현이다.

EXPRESSIONS 10번 읽으세요

Where's your significant other?

네 남편(아내/남친/여친)은 어디 갔어?

쉬운 단어로 네이티브처럼 말하기

You can bring your significant other.

애인(남편/아내)을 데리고 와도 돼.

He broke up with his significant other.

그는 여자친구와 헤어졌어.

Here's my significant other.

이 사람이 내 남친(남편/아내/여친)이야.

힐러리 쌤의 절대공감 영어 표현

다양한 정체성을 존중하는 영미권에서는 여자친구, 남자친구, 남편, 아내를 지칭할 때 기존의 성 개념에서 벗어나려는 노력이 있다. 그중의 하나가 'Significant other'이다. 남편이 진짜 남자인지, 아내가 생물학적인 여자인지, 결혼한 상태인 반려자인지 혹은 썸을 타는 남녀인지 절대 알 수 없다.

이 표현에는 '서로의 사생활과 이런저런 사연에 대해 신경 쓰지 맙시다.'라는 암묵적인 메시지가 들어 있다. 눈치 없이 자꾸 누구인지, 어떤 관계인지, 어떻게 만났는지 캐물으면 아주 불편해진다.

결혼한 배우자는 영어로 Spouse이다. 특히 금슬이 좋은 부부는 서로를 Better half(더 나은 반쪽)이라고 일컫는다. Other half라고 하기도 한다.

I'll bring my other half next time.
(다음에는 내 배우자를 데리고 올 거야.)

My other half loves wine. (내 아내(남편)는 와인을 엄청 좋아해요.)

I can't live without my better half.
(나보다 더 나은 반쪽 없이는 살 수 없어.)

헤어진 전 남편, 아내, 애인은 'Ex-'를 붙이거나 단순히 My Ex라고도 한다.

I met my ex-husband the other day. (얼마 전에 전 남편을 만났어.)

I keep in touch with my ex-girlfriend.
(전 여자친구와 연락하고 지내.)

DAY
003

Get the picture
감 잡았다

Get the picture는 문자 그대로 해석하면 '사진을 얻는다'이지만,
실제로 '그림이 머릿속에 그려진다.'라는 의미다.
원래 몰랐었던 내용을 누군가의 설명을 듣고 나서
'눈으로 보는 것처럼 생생하게 이해가 된다.'라는 뜻이다.

EXPRESSIONS 10번 읽으세요

Do you get the picture?
이해되니?

쉬운 단어로 네이티브처럼 말하기

I get the picture now. Thanks.
이제 이해가 돼. 고마워.

Okay. I get the picture.
알았어. 이해했어.

It's really hard to get the picture.
감이 잘 안 잡혀.

힐러리 쌤의 절대공감 영어 표현

picture는 명사로 '그림', '사진'이다. 그 확장 선상에서 전반적인 그림, 전체적인 상황을 뜻한다. Get the picture는 외부로부터 설명을 듣고 그제야 '상황을 이해하다'라는 뉘앙스의 표현이다. '함축적인 메시지를 이해한다.'라는 뜻도 된다. '머릿속에 그림이 그려진다.'라는 우리 말과도 뉘앙스가 비슷하다. 'I understand.' 'I got it.'과도 동일한 표현이다. '감 잡았다'라고도 의역할 수 있다.

다른 표현으로는 'Wrap one's head around~'가 있다. 문자 그대로 해석하자면 '~를 머리로 감싼다.'라는 의미다. 즉, '이해하다'라는 의미로 사용된다.

가끔 head(머리) 대신에 brain(뇌)라는 단어를 써서 'Wrap one's brain around~'로 쓰기도 한다. 평균적으로 "~라니 이해할 수 없어.'라는 뉘앙스로 많이 쓰인다. 그러므로 부정문 위주로 많이 활용된다.

I can't wrap my head around this.
(이건 이해할 수가 없어.)

I can't wrap my brain around the conclusion.
(그 결론을 이해할 수가 없어.)

DAY 004

Manners
예의는 목숨처럼

Manner는 항상 '-s'를 붙여서 복수형으로 쓴다.
어느 나라 어느 문화권이든 예의가 없는 사람은
매번 어려움에 부딪히게 된다.

EXPRESSIONS 10번 읽으세요

Use your manners!
예의 있게 행동해!

쉬운 단어로 네이티브처럼 말하기

I'm going to teach you some manners.
예의를 좀 가르쳐줄게.

He had bad table manners.
그는 테이블 매너가 별로던데.

His bad manners were annoying.
그의 나쁜 매너는 짜증 났어.

힐러리 쌤의 절대공감 영어 표현

서구인들은 매너를 목숨처럼 여긴다. "Use your manners!"(매너를 지키렴!), "Manners maketh man."(매너가 사람을 만든다.) 같은 메시지를 자녀에게 늘 상기시킨다. 옹알이하는 아기에게도 조금 과하다 싶을 정도로 "Sorry", "Thank you", "Please" 즉 'Magic words'를 가르친다. '이 세 가지 표현을 적절히 쓰면 어떤 문제라도 해결될 만큼 마법의 효과를 행사할 수 있다.'라는 의미에서 마법의 단어(Magic words)라고 부른다.

실제로 원어민들과 주고받는 이메일이나 문자에는 "Thank you in advance."(미리 감사를 드립니다.)라는 표현이 늘 등장할 정도다.

미국인들은 우리나라 어른들이 아이에게 배꼽 인사를 시키고 높임 표현을 강조하는 만큼이나 매너를 중요하게 여긴다. 아이가 어릴 때부터 정중하게 행동하는 법을 가르친다.

Use indoor voices indoors. (실내에서는 조용해 얘기해.)

Don't stare or point at people.

(다른 사람을 빤히 보거나 손가락으로 가리키지 마.)

Never throw trach on the ground. (쓰레기를 바닥에 버리면 안 돼.)

Always wait for your turn. (항상 네 차례를 기다려.)

Open the door for others. (다른 사람들을 위해 문을 잡아줘.)

DAY 005

Technically
엄밀히 말하면, 따져보면

Technique 자체는 '기술'이라는 뜻이다.
Technically는 원래 부사로 '기술적인 면에서'라는 표현이지만,
통상적으로 '엄밀히 말하면', '원칙적으로는'이라는 뜻으로 쓰인다.

EXPRESSIONS 10번 읽으세요

Technically, it's not legal.
엄밀히 말하면, 그건 합법이 아니야.

쉬운 단어로 네이티브처럼 말하기

Technically, it was not a gift.
엄밀히 말하면, 그건 선물이 아니었어.

Technically, you should wear a mask outside.
엄밀히 말하면, 밖에서도 마스크를 써야 해.

Technically, we have 9 more minutes, not 10.
엄밀히 말하면, 10분이 아니라 9분 남았어.

힐러리 쌤의 절대공감 영어 표현

Technically는 자칫하면 간과할 수 있는 결정적인 요소를 되짚어 볼 때 쓰이는 표현이다. '사실 또는 규칙에 따라 엄격히 말하면'이라는 뜻이다. 가끔 남보다 더 똑똑하게 보이고 싶을 때 자신의 지식과 인사이트를 '강조'하는 용도로도 쓰인다.

Technically, I didn't do anything wrong.

(엄밀히 말하면, 난 잘못한 게 없어.)

Technically, we're qualified.

(엄밀히 말하면, 우린 자격이 있어.)

Technically, AO is an American company.

(엄밀히 따지면, AO는 미국 회사야.)

이 외에도 내용과 의미를 명확히 해두는 비슷한 부사들이 있다.

Definitely는 '확실히'이다.

I definitely remember that. (그거 확실히 기억해.)

He definitely said that. (그가 분명 그렇게 말했어.)

Literally는 '문자(말) 그대로'이다.

It was literally the best presentation. (말 그대로 최고의 발표였어.)

Apparently는 '알고 보니'이다.

Apparently, I had the wrong number.

(알고 보니 전화번호가 잘못됐었어.)

DAY 006

Reference check
평판 확인 작업

Reference check는 조금 격식을 차린 사람 뒷조사이다.
경력직원과 중요한 일을 함께 수행하고자 할 때
함께해도 괜찮은 사람인지 공식적인 확인 작업에 들어간다.
새로운 입사자의 경우 이전 직장 상사에게 전화 혹은 메일로
어떤 사람인지를 직접 확인한다.

EXPRESSIONS 10번 읽으세요

We're doing a reference check!
확인 작업 중이야!

쉬운 단어로 네이티브처럼 말하기

We did reference check last week.
지난주에 우린 레퍼런스 체크를 했어.

Reference checks are essential.
레퍼런스 체크는 꼭 필요해.

Reference check will be done this week.
이번 주에 레퍼런스 체크가 될 거야.

경력직원을 채용할 때는 회사 차원에서 입사자의 이전 직장에 연락한다. 이력서의 기재사항에서 허위 사실이 있는지 확인하려는 의도가 있다. 근무한 사실이 맞다면 그 사람의 평소 모습은 어땠는지, 근무 자세는 어땠는지 물어본다. 자세히 물어볼 때는 구체적으로 어떤 일을 맡았는지, 동료들과 어울리는 데 어려움은 없었는지, 직장을 그만두게 된 진짜 이유가 무엇인지 물어본다.

퍼포먼스가 중요하지만, 결국 입사자의 인성도 매우 중요하다. 그래서 누군가와 일을 시작할 때 레퍼런스 체크는 필수다. 평소에 평판 관리를 잘 하는 것이 중요하다.

면접을 하는 이유는 웃는 얼굴로 숨길 수 있는 그 사람의 진짜 모습을 가능한 빨리 알아내고 싶어서다. 면접만 잘 해도 나중에 있을 위험을 미리 감지하거나 피해갈 수 있기 때문이다.

대표적인 확인 작업용 질문으로는 아래의 표현들이 있다.

How would you rate their work?

(그들의 작업을 어떻게 평가하시겠습니까?)

What were their daily duties?(그들의 일상 업무는 무엇이었습니까?)

What were their main responsibilities?

(그들의 주요 책임은 무엇이었습니까?)

Were they dependable?(그들은 신뢰할 수 있었습니까?)

Did they complete the tasks and assignments given to them?

(주어진 임무와 업무를 완수했습니까?)

DAY
007

RSVP
참석 여부를 알려주세요

RSVP는 주로 초대장에서
'회답 주시기 바랍니다.'라는 표현으로 쓰인다.
프랑스어 repondez s'il vous plait(please reply)를 줄인 표현이다.

EXPRESSIONS 10번 읽으세요

Please RSVP.
참석 여부를 알려주세요.

쉬운 단어로 네이티브처럼 말하기

We'll be waiting for your RSVP.
참석 여부 답신 기다릴게요.

To RSVP, call 432-344-3000.
참석 여부 알려주시려면 432-344-3000으로 전화주세요.

We had 10 RSVPs but only 5 people came.
10명이 참석한다고 했는데 5명만 왔어.

한국인이 낯설어하는 매너가 한 가지 있다. 행사나 모임에 초대를 받으면 전화나 이메일로 꼭 참석 여부를 미리 알려주는 독특한 문화, 바로 RSVP다. '참석 여부를 알려주는 것' RSVP라는 영어 단어가 동사와 명사로 동시에 쓰일 정도다.

초대장에는 Please RSVP(참석 여부를 알려주세요)라는 문구가 항상 적혀 있다. 자주 등장하는 표현은 "If you're bringing your significant other, please let us know."(당신의 중요한 다른 한 사람(아내, 남편, 애인)과 동반 시 알려 주세요.)이다.

미국에서는 파티와 행사 위주로 외부인과 만나고 인맥이 형성되는 만큼 누군가를 초대하는 것에 각별히 신경을 쓴다. 왜냐면, 꼭 와야 할 손님들이 오는지, 총 몇 명이 오는지, 음식이 남거나 모자라지 않을지, 공간이 너무 협소하지 않을지 사전에 꼼꼼하게 파악하기 때문이다.

누군가의 초대를 거절해도 죄책감을 느낄 필요가 없다. 굳이 상대가 납득할 만한 거짓말로 주저리주저리 변명하지 않는다. "우리 아이가 갑자기 아파서요.", "갑자기 지방 일정이 생겨서요." 식의 변명은 필요 없다. "Thank you so much for inviting me, but I can't make it this time."(저를 초대해 주셔서 감사합니다만, 저는 참석할 수 없습니다.) 이 한마디면 충분하다.

DAY 008

Open up
마음을 터놓고 이야기하다

Open은 '열다'라는 뜻으로, up을 같이 쓰면 '마음을 열다'라는 뜻이 된다.
상대에게 속 깊은 곳에 있는 비밀스러운 이야기를 할 때 쓰는 표현이다.
"I don't open up easily."라고 하면 "난 속 이야기를 잘 안 해."
또는 "낯을 가려."라는 반대 의미가 된다.

EXPRESSIONS 10번 읽으세요

You can open up to me.
나한테 터놓고 이야기해도 돼.

쉬운 단어로 네이티브처럼 말하기

I made him open up to me.
그 사람이 내게 터놓고 말하도록 했어.

I didn't want to open up.
터놓고 이야기하기 싫었어.

It takes time for me to open up.
마음을 열려면 시간이 걸려.

힐러리 쌤의 절대공감 영어 표현

Open up은 누군가에게 비밀을 공유할 정도로 터놓고 솔직하게 대화한다는 의미다. "You can count on me."(날 믿고 의지해도 돼)라는 표현도 가능하다.

서구인들은 개인주의도 있지만 개방적인 의사소통 또한 선호한다. 주변인들과의 긍정적인 관계 형성은 성공에 큰 역할을 한다. 하지만 모든 사람이 항상 자신의 감정을 주변인들과 건강하게 공유하는 것은 아니다.

사람이 마음을 여는데 종종 어려움을 느끼는 주된 이유는 정서적으로 안전하다고 느끼고 있지 않기 때문이다. 내면의 세계를 공유할 만큼 신뢰가 쌓여있다고 믿지 못하거나, 더 깊게 공감하고픈 관계에 대한 욕망이 없을 수도 있다. 특히 남성들일수록 대부분의 문화권에서 자신의 감정에 대해 솔직히 이야기하는 것이 권장되지 않는다. 어렸을 때부터 감정에 대해 표현하기보다 이성에 집중하도록 훈련되기 때문이다. 그럴 땐 "You can open up to me."(나에게 터놓고 이야기해도 돼.)라고 하면 된다.

터놓는 대화를 할 때 자주 쓰이는 표현은 다음과 같다.

I'm all ears. (잘 듣고 있어.)

I don't think I know how to help you, but I am here for you.

(어떻게 도와야 할지 모르겠지만, 널 위해 내가 여기 있어.)

I'm glad you trust me with your situation.

(그 상황과 맞물려 나를 신뢰하다니 기쁘구나.)

DAY
009

I'm coming
오고 있어

우리말로 "가고 있어"는 I'm going이지만 영어로는
상대의 입장을 고려해서 표현하기 때문에 (상대방의 기준에서)
"I'm coming.(오고 있어.)"라고 말한다.

EXPRESSIONS 10번 읽으세요

I'm coming.
오고 있어.

쉬운 단어로 네이티브처럼 말하기

I'm coming **to see you.**
널 보러 갈 거야.

I'm coming **for the meeting.**
회의 때문에 올 거야.

I'm coming **next week.**
다음 주에 올 거야.

영어를 공부하다 보면 대수롭지 않은 평범한 일에서도 상대방의 입장에서 생각하는 경향을 눈치챌 수 있다. 종종 그것은 가식이 아닌 그들만의 진정성 있는 태도다. 작은 몸짓이나 표정에서도 상대를 향한 남다른 우아함과 여유가 있다.

나는 개인적으로 I'm coming.(오고 있어.)라는 표현을 참 좋아한다. 상대 입장에서 생각하는 배려가 무심결에 느껴지는 표현 같아서 이 말을 들을 때마다 입가에 미소가 지어진다.

영어에는 배려가 묻어나는 표현이 많다. 우리는 I'm sorry.(미안해)라는 말을 들으면 That's okay.(괜찮아)라고 말해야 한다고 배우지만, 원어민의 표현은 다르다. "You're fine!" 또는 "You're good!"이다. 이 말은 "넌 괜찮아."라는 의미다. 즉, "넌 미안해야 할 입장이 아니야. 넌 괜찮아."라는 표현이다. 온전히 상대를 배려하는 말이다.

배려는 관계를 원활하게 유지하는 가장 효율적인 도구다. 다음 사람을 배려하여 문을 끝까지 잡고 있는 것, 다음 사람이 물건을 쓸 수 있게 제자리에 가지런히 놓아두는 것은 배려가 세포 속에 깊숙이 배어있는 사람만 할 수 있는 일이다. 막연히 예의가 바른 것polite과는 다른 차원이다. 예의가 바른 것과는 달리 배려considerate는 상대를 위한 고유한 공감과 감수성이 수반되어야 하기 때문이다.

DAY 010

Understand
아래에 서 있는 것

상대의 밑(under)에 서 있어야(stand) 진정으로
그 사람을 이해(understand)할 수 있다.
아래에 서면 겸손한 마음으로 상대를 이해할 수 있다.
상대의 우위에 있다고 생각하면 괜한 자만을 부리게 된다.

EXPRESSIONS 10번 읽으세요

I totally understand.
완전 이해해.

쉬운 단어로 네이티브처럼 말하기

I don't understand.
이해가 안 가.

I'm trying to understand.
이해하려고 노력하고 있어.

Do you understand what I'm saying?
내 말이 이해되니?

힐러리 쌤의 절대공감 영어 표현

영어권에서 상대를 배려한다는 것은 단순히 "Please", "Thank you", "Sorry"처럼 예의 바른 말로 대화를 가득 메우는 것이 아니다. 상대의 입장과 감정을 포괄적으로 인정하고 그에 따라 반응하는 것이다.

'배려'라는 말 속에는 "남에게 대접을 받고자 하는 대로 남을 대접하라."(Do unto them as you would have them do unto you)라는 황금률을 따르는 것, 시간 약속을 잘 지키는 것, 다른 사람에 대해 떠벌리지 않는 자제력, 상대의 말을 적극적으로 경청하는 것까지 다 함축되어 있다. 그래서 배려하기가 어렵다. 우리는 먼저 상대의 입장과 처지를 이해해야 비로소 배려할 수 있다.

'이해하다'를 뜻하는 영어 단어 understand의 진정한 의미는 참 흥미롭다. 상대의 밑under에 서 있어야stand 진정으로 그 사람을 이해understand할 수 있다. 상대 위에 군림하려 들기보다는 아래 위치에서 겸손히 공감하는 것이 '이해'하는 것이다.

많은 경우 상대보다 우위에 서서 가르침을 퍼부어주고 싶지 묵묵히 아래에 서 있는 것은 꽤 벅차다. 그런데 반대로 상대가 나의 입장을 미리 이해하고 대할 때면 그 순간 몰려오는 감동에 압도당한다. 상대가 나를 진심으로 돌보고 생각하는 것처럼 느껴지기 때문이다. 배려는 백 마디 달콤한 말보다 가장 위대한 사랑의 표현이다.

네이티브처럼 쉬운 단어로 말하는 법 ❶

우리의 뇌 속에는 '거울 신경세포'Mirror Neuron라는 공감적 뉴런이 있다. 영화 속 주인공이 다치면 동일한 에너지로 우리의 인지 영역 속에 공명된다. 이와 마찬가지로 뇌세포 활동의 측면으로 봤을 때 내가 상대에게 어떻게 인식되고 싶은지 먼저 생각하는 것이 중요하다.

영어가 편해지고 자연스럽게 그들만의 리그에 입문할 수 있었기 때문에 일자리 또한 얻을 수 있었다. 미국 뉴욕주 Norwood-Norfolk 공립학교에서 교사로 일했다. 이 모든 것이 나의 부끄러운 실수와 수치심을 나를 발전시키는 선한 에너지로 역이용한 결과였다.

참고로, 언어는 모든 관계 속의 심장이다. 다른 문화권의 일부가 되고 동화되길 원한다면 그들만의 언어로 교감해야 한다. 그렇지 않으면 항상 이방인으로 남을 것이다.

누구라도 명확한 동기가 있다면 스스로 외국어를 배울 수 있다. 언어는 단순히 단어와 문법의 조합이 아니다. 영어를 좀 하다 보면 깨닫게 될 것이다. 실제로 그들만이 쓰는 속어, 지역 방언, 당시 유행하는 약어, 관용구 그리고 그들만의 속도와 리듬이 중요하다는 것을.

토씨 하나 안 틀리고 말하는 것보다는 이러한 모든 차원을 소화하는 것이 진짜 외국어를 구사하는 것이다. 나는 매일 영어를 공부했고 현지인들과 농담을 나누며 교과서 표현보다는 구어체로 말할 수 있게 되었다.

사람들은 내가 영어로 대화하는 것을 들었을 때 내가 미국에서 나고 자란 2세라고 생각했다. 미국으로 건너오기 전에는 영어를 거의 말할 기회가 없었다는 것을 믿지 않았다. 농담을 놓치고 멍하니 친구들의 얼굴을 바라보던 순간부터 분위기 메이커가 될 때까지, 나는 놀라운 여정을 겪었다. 앞으로 나열할 나의 조언이 도움이 될 것으로 생각하지만, 언어를 배우는 것은 조언을 따르면 완성될 만큼 쉬운 일이 아니다. 언어를 배우려는 자신만의 확실한 동기가 필요하다.

영어 공부를 하는 사람은 지금 당장 보상받으려는 조급함이 있다. 어쩌면 지금은 보상을 바랄 때가 아니라 꾸준히 공부하면서 씨앗을 심는 때일 수도 있다. 영어는 공부한 만큼 익숙해진다. 시간의 무게는 돈으로 살 수 없다. 영어 공부를 해도 당장 실력이 늘지 않는다고 자포자기하지 말고 묵묵히 시간을 채워나가고 노력을 쌓는 것이 답이다.

나 역시 영어를 처음 공부할 때는 가끔 안타까운 현실에 좌절하고 절망감에 휘둘렸다. 다행히 내가 유일하게 잘하는 것은 넘어진 자리에서 털고 일어나는 것이었기에 정신을 퍼뜩 차렸다. 미국 증권시장에 내 미래 회사를 상장시키는 꿈을 생생하게 시각화했다. 구체적인 상상이 현실의 고통을 넘어서게 했다. 큰 그림에 집중하다 보니 영어를 못하는 자괴감을 이겨낼 수 있었다.

DAY 011

Go through vs. Grow through
겪다 vs. 성장하다

Go through는 '겪다'라는 뜻이 있다.
이외에도 '살펴보다', '검토하다'로도 쓰인다.
Grow through는 '~를 통해 성장하다'이다.

EXPRESSIONS 10번 읽으세요

He's going through a difficult time.
그는 어려운 시간을 지나고 있어.

쉬운 단어로 네이티브처럼 말하기

They are going through family issues.
그들은 집안 문제를 겪고 있어.

Are you going through a breakup?
이별 후 힘든 시간을 겪고 있니?

I'm growing through it.
겪으면서 성장하고 있어.

힐러리 쌤의 절대공감 영어 표현

Are you going through it?(너는 그것을 겪고 있니?)

이 문장에서 go through는 어떤 일을 '겪는다'라는 뜻이다. 문자 그대로 해석하면 '거쳐서 지나간다'라는 말인데, 굳이 거쳐서 지나가는 것은 결국 어떤 사건을 '겪는다'는 의미다.

"Are you growing through it?(너는 그것을 통해 성장하고 있니?)

이 문장에서 grow through는 '~을 통해서 성장한다'라는 뜻이다. 어떤 일을 겪을 때 단순히 경험만 하는 사람이 있고, 반면에 그로 인해 성장하는 사람이 있다. 영어도 이런 경우를 명확히 구분해서 쓴다.

영어 공부를 하는 궁극적인 목표는 외국어로 소통하는 것을 넘어선 총체적인 성장이다. 삶도 마찬가지다. 내가 실행하고 성장하는 동안 어지간한 능력들은 거의 자리가 잡힌다. 아인슈타인은 이것을 '자전거 타기'로 비유했다. 페달을 굴리며 나아가면서 중심을 잡는 것이 가장 현실적인 방법이라고 했다. 처음부터 완벽하기를 바라는 것은 자기 기만과 허상일 뿐이다.

How are you?
상대의 내적 안녕에 관심을 두는 인사말

"How are you?"는 '안녕'이라는 단어가 직접 언급되지 않지만,
상대의 내면과 감정이 안녕한지를 묻는 표현이다.
상대방이 "How are you today?"라고 말할 때
눈을 마주치고 '괜찮은 거니?'라고 진심으로 인사하는 것처럼 느끼곤 한다.

EXPRESSIONS 10번 읽으세요

How are you today?
오늘 넌 어떠니?

쉬운 단어로 네이티브처럼 말하기

How are your parents doing?
부모님은 어떻게 지내셔?

How are you? It's so good to see you.
어떻게 지내? 널 보니까 정말 좋다.

How are you doing these days?
요즘은 좀 어때?(어떻게 지내?)

힐러리 쌤의 절대공감 영어 표현

"안녕하세요?"라는 인사를 주고받을 때는 문화적 차이를 느낀다. 한국에서는 '안녕'한지를 직접 묻지만, 상대가 정말 안녕한지에는 그다지 큰 관심이 없는 듯했다. 하지만 영어로 "How are you today?"(오늘 넌 어때?)는 '안녕'이라는 단어가 없지만 상대의 감정이 안녕한지를 진심으로 묻는 표현이다. 이 인사는 상대방이 온전한 인격체이고 가치 있는 사람이라고 인정할 때 비로소 할 수 있다.

"How are you today?"와 비슷한 표현이 있다. "How's your day going?"(네 하루를 어떻게 보내고 있니?) 상대방이 어떻게 하루를 보내고 있는지 묻는 표현이다. 이럴 땐 It's going great!(아주 잘 진행되고 있지!) 혹은 Not so great!(그다지 좋진 않아!)라고 대답할 수 있다.

하지만 우리말에는 딱히 그 사람의 하루가 어떻게 가고 있는지 묻는 표현은 없다. 하루를 보내고 나서야 "오늘 하루는 어땠어?"라고 결론을 물어보는 표현은 있지만. 이것을 영어로는 "How was your day?"라고 한다. 이 질문에 "It was good."(좋았어요.) 하거나 "I had a rough day."(험난한 하루를 보냈죠.)라고 대답하면 된다.

DAY
013

Karma
업보, 인과응보

불교 용어 중 '업보'를 '자업자득'의 의미로 차용해서 쓴다.
기독교 개념으로는 '뿌린 대로 거둔다.'라는 의미다.

EXPRESSIONS 10번 읽으세요

It's part of your karma.
네 자업자득의 일부야.

쉬운 단어로 네이티브처럼 말하기

Karma is a bitch!
이게 다 전생의 업보라고!

I don't believe in karma.
난 업보를 믿지 않아.

Now I understand what karma is.
이제 업보가 뭔지 이해해.

힐러리 쌤의 절대공감 영어 표현

종교와 신념을 떠나 '업보'에 관한 사람들의 견해는 다양하다. 실제로 존재하는 것인지는 아무도 모른다. 하지만 '자업자득'의 원리는 동서양에서 인정된다. 불교의 '업보'라는 karma를 차용해서 쓴다. '남에게 상처 주지 말고 원한 사지 말고 착하게 살자.'라는 의미를 함축하고 있다.

자신의 악행이 동일한 상황이 되어 다시 돌아오는 것은 아마 살면서 다들 경험해 봤을 것이다. 비슷한 표현으로는 What goes around, comes around.(자신이 행한 대로 자신에게 되돌아온다.) You asked for it.(네가 자초한 거야.) 등이 있다.

가끔씩 누군가로 인해 억울한 상황이 올 때 기억하는 한 가지가 있다. 세상은 한 사람만 봐주기 식으로 결론 맺어질 정도로 호락호락하지 않다. 상대가 '아차, 그때 내가 그랬었지!' 하고 인정할 수밖에 없는 맞춤형 상황이 불시에 들이닥치게 되어 있다.

관련된 표현을 익혀 두자.

I had it coming.(내가 초래한 일이야.)

It served him right.(그에게 합당한 대가를 치르게 했어.)

It was a taste of her own medicine.(그녀가 한 대로 받은 거야.)

DAY 014

Mind
지적 능력

Mind는 '마음'이라는 뜻이 있지만, 동시에 뇌 기능에서 발휘되는 '지적 영역'의 뉘앙스로도 쓰인다. Use one's mind라고 하면 '머리를 쓰다' 혹은 '마음의 작용(마인드 파워)을 이용하다'라는 두 가지 뜻이 된다. Use your brain(머리를 쓰다)처럼 '뇌를 사용하다'라는 표현도 같은 의미로 쓸 수 있다.

EXPRESSIONS 10번 읽으세요

We, Koreans use our mind.
한국 사람들은 머리를 써.(영화 〈미나리〉 대사 중)

쉬운 단어로 네이티브처럼 말하기

I don't always use my mind.
항상 머리를 쓰진 않아.

Use your mind.
지적 능력(사고력)을 발휘해 봐.

I do brain exercises to strengthen my mind.
더 영민해지려고 뇌 훈련을 해.

힐러리 쌤의 절대공감 영어 표현

Mind는 '마음'이라는 뜻이 있지만, 동시에 뇌 기능에서 발휘되는 '지적 영역'의 뉘앙스로도 쓰인다. 아인슈타인, 에디슨, 뉴턴 같은 세계적인 천재들을 The great minds라고 부르기도 한다.

He's one of the world's greatest minds.

(그는 세계 최고 석학들 중 한 사람이죠.)

반면, 감정적인 마음에는 heart를 쓴다.

한국에서는 눈치가 빠르고, 우세한 쪽으로 입장을 신속하게 바꾸는 사람이 주위의 인정을 받는 편이다. 참고로 '눈치'는 완벽히 맞아떨어지는 영어 단어가 없다. 굳이 사전에서 찾아보자면 tact가 있다. 우리말로 '약삭빠름', '주위를 잘 살핌' 정도로 번역할 수 있다. 이런 능력은 한국에서는 유리하게 작용하지만, 영어권에서는 오히려 '신뢰하지 못할 상대'로 낙인찍히기 쉽다.

'잔머리를 굴리지 않는 순수함'을 지닌 성향을 영어로는 naive라고 한다. 때로는 '세상 물정 모르는 대책 없는 순진함'이라는 부정적인 뉘앙스를 동반하기도 한다.

"너무 나이브(순진)한 거 아냐?"라고 한국말처럼 자연스럽게 쓰는 경우도 많다.

I was so naive back then. (저는 그때 너무 순진했죠.)

I was quite naive when I got my first job.

(첫 취직을 했을 때는 꽤 순진했어요.)

DAY
015

Foolish
미련한/엉뚱한

Foolish는 '바보 같은', '미련한', '말이 안 되는'의 뜻을 가진 단어다.
애플의 스티브 잡스가 스탠퍼드 졸업식 축사에서
"Stay Hungry, Stay Foolish"라는 말을 했다.
여기서 Foolish는 '엉뚱한, 괴짜 같은'의 의미다.

EXPRESSIONS 10번 읽으세요

It looks foolish.
미련해 보여.

쉬운 단어로 네이티브처럼 말하기

It sounds foolish but you'll like it.
말도 안 되게 들리지만 네가 좋아하게 될 거야.

You're acting foolish.
넌 바보 같은 행동을 하고 있어.

I've been trying to stay hungry and foolish.
난 배고프고 무모한 상태를 유지하려고 노력 중이야.

힐러리 쌤의 절대공감 영어 표현

애플의 CEO 스티브 잡스는 스탠퍼드 졸업식 축사에서 "Stay Hungry, Stay Foolish"라는 명언을 남겼다. 번역하자면 "헝그리 정신으로 (미련해 보일 법한) 엉뚱한 도전을 하라."이다. 스티브 잡스가 Foolish라는 표현을 언급했을 때 단순히 '바보 같은'이라고 들리지 않았다. 왠지 더 잘될 것 같은 신기루를 좇아 이리저리 휩쓸려 다니지 말고 스티브 잡스처럼 술수에 밀려 자신이 만든 회사에서 잘릴지언정 미련하고 묵묵하게 걸어가라고 격려하고 있는 것만 같았다.

자신의 안위를 위해 속내를 감추고 에둘러 말하며 상대의 환심을 사는 사람, 꼼수를 부려 부당한 이득을 취하는 사람이 적지 않다. 그러나 의외로 똑똑이들에게도 허점이 있다. 이들은 상대가 바보가 아니라는 것을, 자기만큼이나 혹은 자기보다 더 똑똑할 수도 있다는 것을 종종 망각한다.

세상에는 생각 이상으로 사람을 예리하게 보는 눈을 가진 사람들이 많다. 이런 사람들은 상대의 잔재주나 임기응변 능력보다는 그 사람이 과연 신뢰할 만한 대상인가 아닌가(trustworthy or not)를 먼저 판단한다. 그 사람의 그릇과 재능은 차후의 문제다. 꼭 나중에 사고를 치고 피해를 주는 사람은 정직하지 못하면서 잔재주만 부리는 사람이기 때문이다.

DAY 016

Any questions?
질문 있나요?

미국에서는 활발히 혹은 다소 공격적으로 질문하는 행위를
권위에 대한 도전으로 받아들이지 않는다.
아무 질문이 없으면 교수는 약간의 부끄러움 혹은
자괴감을 느끼는 경우도 있다.

EXPRESSIONS 10번 읽으세요

I have some questions.
질문이 몇 가지 있어요.

쉬운 단어로 네이티브처럼 말하기

There weren't any questions.
질문이 하나도 없었어.

Feel free to ask questions.
자유롭게 질문해.

Thank you for asking a good question.
좋은 질문 고마워.

한국 학생들은 질문이 있는 경우에는 대개 수업이 끝나고 따로 질문한다. Thank you for your lecture. I have a question...(강의 감사합니다. 질문이 있는데요….) 이렇게 하는 이유는 질문을 통해 공개적으로 드러나는 자신의 영어 발음과 문법 구사력을 들키기 싫어서다. 왠지 질문의 수준이 남들과 비교될까 봐 부담스러워하기도 한다. 질문과 토론이 기본값이 아닌 문화권에서 성장하다 보니 어쩔 수 없는 한계다.

하지만 영미권의 수업, 회의에서는 "Do you have any questions, comments or any concerns?"(질문이나 언급하고 싶은 말, 우려되는 사항들이 있나요?)라고 물어본다. 단순히 몰라서 하는 질문 이외에도 의견, 평가, 조언, 건의 등을 나눠 달라는 말이다. 이제 막 이해한 지식과 생각을 다른 사람들에게 전달하는 과정에서 실제로 배우는 것이 더 많아지는 것을 알고 있기 때문이다.

미국은 교수와 학생이 수업 내용에 대해 당장 피드백을 주고받는 것을 매우 중요하게 여긴다. 천연덕스럽게 반대 견해를 제시하는 학생들, 아예 수업 내용 자체를 반박하는 학생들도 있다. 하지만 이것을 절대 감정적으로 받아들이지 않는다. "Thank you for sharing."(나눠줘서 고마워요) 하며 토론을 다른 차원으로 끌어올린다. 소통할 때 상대의 나이, 지위, 신분은 한 개인의 생각, 주장과 아무 관계가 없다.

DAY 017

Business first
사업 이야기 먼저

Business first는 '사적인 것을 논하기 전에
먼저 공적인 것을 다루자.'라는 의미다.
미국인들은 빠른 협상을 선호한다.
말 그대로 '시간은 돈'이기에 본질에서 벗어난 여분의 것들은 생략된다.

EXPRESSIONS 10번 읽으세요

Always, business first!
항상 사업 이야기가 먼저야!

쉬운 단어로 네이티브처럼 말하기

Business first, pleasure afterwards.
할 것은 해놓고 놀아야지.

Always remember 'Business first'.
'공적인 게 먼저'라는 것을 항상 기억해.

I like his business-first attitude.
비즈니스를 먼저 논하는 그의 자세가 맘에 들어.

성공적인 비즈니스 거래를 위해서는 다른 국가의 문화에 대한 지식이 중요하다. 단순히 외국어를 아는 것만으로는 충분하지 않다. 언어 장벽은 극복하기 가장 어려운 것 중 하나이지만 관습, 가치관과 같은 문화적 요소도 잘 숙지하고 있어야 한다.

우리나라와 미국은 시간, 업무 처리 마감일에 대한 접근 방식이 완전히 다르다. 늘 유연하게 대처할 수 있어야 한다. 그래서 의도적인 훈련이 많이 필요하다. 단순히 영어만 잘하면 다 되는 줄 알지만 큰 오산이다. 분위기를 적절하게 읽고 자연스럽게 처세하는 것이 언어의 정확성보다 더 중요하다.

미국인은 협상 스타일도 아주 빠르고 일관성이 있다. 다양한 표현의 정도를 지니며 지극히 거래 지향적이다. 단호하고 강하고 격렬한 악수에 인사말은 "How are you?"이다. 잠깐의 스몰 토크를 한 뒤 본론으로 곧바로 들어간다.

나이와 지위를 막론하고 눈을 똑바로 마주치는 아이 컨택은 필수다. 자꾸 눈을 피하면 오히려 비즈니스 내용을 잘 숙지하지 못해 자신감이 없어 보이거나 이중적인 사람으로 오해받을 수도 있다. 겉치레와 보여주기식 우호적 관계 유지는 시간과 에너지만 앗아갈 뿐이다. 오히려 진행하는 프로젝트 자체나 법률적인 부분에 대한 이해도를 높인다던가 계약서 조항에 대해 바로 언급하는 게 좋다.

DAY 018

Brown bag
점심 도시락

영미권에서는 Brown bag(갈색 봉투, '점심 도시락'이라는 표현)을 각자 싸 들고 와서 자리에서 혼자 먹기도 한다. 영미권 직장문화에서 점심시간은 거래처와 약속을 잡고 정보를 교환하거나 일을 추진하는 시간이 아닌 지극히 개인적인 시간일 수도 있다.

EXPRESSIONS 10번 읽으세요

I brought a brown bag of sandwiches and fruits.

샌드위치와 과일 점심을 싸 왔어.

쉬운 단어로 네이티브처럼 말하기

Is this your brown bag?

이거 네 점심 도시락이니?

I put my brown bag in the fridge.

점심 도시락을 냉장고에 넣어뒀어.

When's our brown bag meeting?

우리 점심 겸 회의가 언제지?

우리나라 직장에서 점심시간은 주로 직장동료와 이야기하면서 밥을 먹거나 혹은 거래처와 약속을 잡고 일을 추진하는 시간이다. 하지만 미국의 직장에서는 꼭 밥을 같이 먹어야 한다는 무언의 질서가 없다. 배가 고프면 매점이나 사내식당에서 간단히 샌드위치나 샐러드를 먹고 온다. 이들은 Brown bag(점심 도시락)을 각자 싸 들고 와서 자리에서 혼자 먹기도 한다.

하루는 미국 실리콘밸리에 있는 구 페이스북Facebook '메타'에서 사내식당 점심을 먹었다. 딱히 정해진 식사 시간이 아니라도 직원들은 각자 알아서 끼니를 해결했다. 굳이 식당까지 올 필요도 없었다. 코너마다 무료로 맘껏 먹을 수 있는 스낵바가 갖춰져 있었기 때문이다. 위대한 일을 해내려면 그때그때 당 충전을 해야 한다는 마크 저커버그의 너그러움이 인상 깊었다.

미국인들이 굳이 밥을 함께 먹지 않는 이유는 야근이나 거래처 접대가 없는 문화이고, 거의 자율 출퇴근제이기 때문에 자신이 원하는 스케줄대로 할당된 업무를 끝내고 싶어서다. 오히려 가족과 보내는 시간에 더 투자할 수 있다. 친목을 도모하는 식사 기회는 얼마든지 만들 수 있다. 특히 슈퍼볼 경기 때는 서로가 가족처럼 똘똘 뭉친다. 함께 맥주를 마시고 만찬을 즐기며 게임을 시청한다. 회사 측에서 다양한 사람을 만나 식견을 넓히도록 네트워킹 파티를 주최하기도 한다.

DAY
019

Pros and cons
장점과 단점

Pros and cons는 '장점과 단점'이라는 뜻이다.
라틴어 Pros et contra를 영어식으로 변형해서 사용하는 표현이다.
주로 동사 weigh up과 함께 쓰인다.
Weigh up the pros and cons는 '이해득실을 따져보다.'라는 의미다.

EXPRESSIONS 10번 읽으세요

What are the pros and cons of this?
이것의 장점과 단점이 뭐지?

쉬운 단어로 네이티브처럼 말하기

We're weighing all the pros and cons.
우린 장단점을 따져보고 있어.

Give us pros and cons of this idea.
이 아이디어의 장점과 단점을 우리에게 알려줘.

Here is the list of pros and cons.
여기 장단점 리스트가 있어.

Pros and cons는 주로 새로운 의사결정을 하거나 새로운 대안을 검토하는 상황에서 쓰이는 표현이다. 함께 의견을 공유하는 것이 자연스러운 문화권인 만큼 모두가 머리를 맞대고 장점과 단점을 따져 보는 것이 보통이다. 문제를 정확히 인식하고 결론을 도출하는데 강력하게 쓰이는 의사결정 도구다.

의사소통 과정에서 더 성숙하고 합리적인 사고를 할 수 있게 된다. 자신의 경험이나 직관에만 의존하기보다 다수의 의견을 듣고 합리적으로 결정하기 때문이다. 윗사람이 아랫사람에게 명령하는 식의 수직적 대화보다 수평적인 대화 분위기가 조성된다. 비즈니스뿐만 아니라 일상생활에서도 많이 쓰인다.

서구 문화에서 선호하는 의사결정 툴에는 아래의 것들이 있다. 느낌과 감정, 여론보다는 객관적인 툴에 의존하는 성향이 있다.

SWOT Diagram(SWOT 다이어그램)
Decision Making Diagram(의사 결정 다이어그램)
Decision Matrix(결정 매트릭스)
Pareto Analysis(파레토 분석)
Visual Paradigm(시각적 패러다임)
Force Field Analysis(역장 분석)
Strategy Map(전략 맵)

DAY 020

Broken English
산산조각이 난 영어

영어를 잘 구사하지 못하는 사람이 영어로 말하는 것을
'산산조각이 난 영어' 혹은 '부숴진 영어(Broken English)'라고 한다.
에두르지 않는 적나라한 표현이다.
한국식 영어, 틀린 표현을 흔히 콩글리시(Korean-English)라고 하지만,
Wrong expressions(틀린 표현)이라고 하는 것이 맞다.

EXPRESSIONS 10번 읽으세요

She speaks broken English.
그녀는 영어를 잘 못 해.

쉬운 단어로 네이티브처럼 말하기

His parents spoke broken English.
그의 부모님은 영어가 어려우셨어.

They spoke to me in broken English.
그들은 틀린 영어 표현으로 내게 말했어.

They asked questions in broken English.
그들은 알아듣기 힘든 영어로 질문했어.

영미권에서 나고 자란 경우가 아닌 이상 영어를 유창하게 말하는 것은 쉬운 일이 아니다. 나는 영어로 말할 때 조금이라도 '한국인 억양'Korean accent이 감지되지 않게 '백인의 영어'를 구사하려고 노력한다. '너 틀리기만 해봐!' '이쯤에서 제스처 넣어!' '더 고급스러운 용어를 찾으란 말이야!' 이렇게 하는 이유는 분명하다. 상대에게 '난 비록 여기서 이방인이지만 충분히 주류 사회 속에서 잘살고 있거든.'이라는 무언의 항변을 하는 것이다.

하지만 중국인, 인도인과 어울리면서 그들에게 느낀 몇 가지 특징이 있다. 거대한 땅덩어리에서 나오는 대륙 기질이 그들의 영어에서도 묻어난다. 종종 영어가 듣기 민망한 수준임에도 전혀 주눅 들거나 창피해하지 않는다. 이처럼 영어를 잘 구사하지 못하는 사람이 청산유수처럼 말하는 것을 Broken English(산산조각이 난 영어)라고 표현한다. 중국인과 인도인은 이렇게 산산조각이 난 영어로도 아랑곳하지 않고 대화나 발표에 임한다. "네가 알아서 잘 들어! 영어에도 수많은 억양이 존재하니까!"라는 갑의 에너지가 느껴진다.

그들은 평소에도 아무렇지 않게 자신의 강점과 성취 경험을 이야기한다. 굳이 남들이 먼저 묻지 않았는데도 말이다. 그런 내적 기본 성향 때문인지 실리콘밸리에서도 아주 공격적으로 자리를 잡아 나간다. 구글, 어도비의 CEO가 인도인인 것만 봐도 실정을 금방 파악할 수 있다.

고맥락 문화 vs. 저맥락 문화

'고맥락 문화High Context Culture'에 속하는 언어는 주로 한국어, 일본어, 중국어 등 동양권의 언어들이다. 고맥락 문화일수록 대화의 내용보다는 전반적인 맥락과 분위기를 살핀다. 한국인은 대화할 때 서로의 전반적인 관계, 표정, 분위기, 맥락에 의존하며 이야기를 전개한다. 반면에 '저맥락 문화Low Context Culture'는 맥락을 살펴야 하는 비중이 비교적 낮다. 저맥락 문화에 속하는 언어는 주로 영어, 유럽의 언어들이다. 원어민들과 대화할 때는 다소 직설적이거나 공격적으로 느껴지더라도 문화 차이라는 것을 이해해야 한다.

우리나라에서 "좀 덥지 않아요?"라는 말은 "에어컨 좀 틀어줘." 내지는 "창문을 열어도 될까요?"라는 말이 하고 싶을 때 쓰는 표현이다. 자신이 원하는 것이 있어도 남의 눈 밖에 나지 않는 것이 먼저이기에 주변 사람들과 의견 일치를 먼저 조성해 나간다. 반면에 미국에서는 "좀 덥지 않아요?"를 문자 그대로 "Isn't it a little hot?"이라고 말한다. 원어민들은 에두르지 않고 직접 묻는다. "Can I turn the AC on?"(에어컨을 켜도 돼요?) "Can I open the window?"(창문을 열어도 돼요?)

이처럼 나라의 문화와 정서에 따라 소통 방식이 확연하게 다르다. 저맥락 문화에 익숙해지고 직설적인 소통을 연습하는 것은 영어 공부를 할 때 좋은 경험이 될 수 있다.

네이티브가
자주 쓰는
영어를
해석해 보세요

She is always down to earth.

Where's your significant other?

Do you get the picture?

Use your manners!

Technically, it's not legal.

We're doing a reference check!

Please RSVP.

You can open up to me.

I'm coming.

I totally understand.

한글 해석은 뒷 페이지에 →

네이티브가
자주 하는
말을 영어로
해보세요

그녀는 항상 인간적이야.

네 남편(아내/남친/여친)은 어디 갔어?

이해되니?

예의 있게 행동해!

엄밀히 말하면, 그건 합법이 아니야.

확인 작업 중이야!

참석 여부를 알려주세요.

나한테 터놓고 이야기해도 돼.

오고 있어.

완전 이해해.

← 영어 표현은 앞 페이지에

네이티브가 자주 쓰는 영어를 해석해 보세요

He's going through a difficult time.

How are you today?

It's part of your karma.

I don't always use my mind.

It looks foolish.

I have some questions.

Always, business first!

Is this your brown bag?

What are the pros and cons of this?

She speaks broken English.

한글 해석은 뒷 페이지에 →

네이티브가
자주 하는
말을 영어로
해보세요

그는 어려운 시간을 지나고 있어.

오늘 넌 어떠니?

네 자업자득의 일부야.

항상 머리를 쓰진 않아.

미련해 보여.

질문이 몇 가지 있어요.

항상 사업 이야기가 먼저야!

이거 네 점심 도시락이니?

이것의 장점과 단점이 뭐지?

그녀는 영어를 잘 못 해.

← 영어 표현은 앞 페이지에

Chapter 02

DAY 021 ~ DAY 040

DAY
021

Doormat
호구

도어 매트를 깔아 놓으면 모든 사람들이 왔다 갔다 하면서 밟고 지나간다.
이리저리 밟히는 사람에 빗대어서 '호구', '동네북'이라는 표현으로 쓰인다.
신발을 닦는 용도의 깔개처럼 당하고도 가만히 있는 사람,
즉 Easy target(쉬운 타깃, 만만한 사람)과 동의어로 쓰이기도 한다.

EXPRESSIONS 10번 읽으세요

Stop it! I'm not a doormat!
그만해! 난 호구가 아니야!

쉬운 단어로 네이티브처럼 말하기

Don't treat me like a doormat!
날 호구 취급하지 말아줘!

I didn't treat you like a doormat.
널 호구 취급하지 않았어.

I'm tired of being a doormat.
호구 취급당하는 것도 질렸어.

힐러리 쌤의 절대공감 영어 표현

호구는 영어로 Doormat라고 한다. Doormat를 사전에서 찾아보면 '호구', '동네북', '짓밟히고도 가만히 있는 사람'이라는 뜻이 있다. 서양인들은 자기주장이 분명하다는 보통의 신념이 무색하게 '호구'라는 단어가 영어에도 엄연히 존재한다. 누군가 나를 문 앞에 놓인 발매트처럼 아무렇지 않게 밟고 지나가는 기분, 더러운 신발로 철저히 짓밟히는 기분 그리고 매번 이용당하는 기분은 썩 좋지 않다.

'호구'의 국어 사전적 정의는 '범의 아가리', '어수룩하여 이용하기 좋은 사람을 비유적으로 이르는 말'이다. 호구는 바둑과 연관이 있다. 흰 바둑돌이 바둑판 위의 범의 아가리 모양 속으로 들어가면 '호구 잡히는 꼴'에서 유래되었다.

사람들이 호구처럼 여기며 막 대하던 K가 있었다. 몇 년이 지나서 다시 만난 K는 감사하게도 호구doormat에서 대인배big-hearted person로 성장해 있었다. K는 사람들의 깐죽거림에 지혜롭게 대응하고, 무례한 언사에 유머로 맞받아치는 멋있고 현명한 사람으로 서 있었다.

자신의 지능을 영민하게 사용하면서 동시에 관대한generous 사람은 참 드물다. 타인을 존중하지 않고 자신의 분량을 늘려주는 엑스트라 정도로 생각하기에 남을 호구로 잡는 것이다. 치사하게 남을 호구 잡기는 쉽지만, 관대한 대인배가 되는 것은 어렵다. 그러나 관대함으로 타인의 자발적인 마음voluntary heart을 살 수 있다면 그리 어려운 일도 아니다.

DAY 022

Book smart
헛똑똑이

Book smart는 '책으로만 열심히 배워 지식이 많은',
'학문적으로 능통한'이란 표현이다.
동시에 지식에 비해 실전에 약한 사람을 비꼬는 표현이기도 하다.

EXPRESSIONS 10번 읽으세요

She's just book smart!
그 여자는 헛똑똑이야!

쉬운 단어로 네이티브처럼 말하기

People think I'm book smart.
사람들은 내가 헛똑똑인 줄 알아.

He's street smart.
그 사람은 세상 물정에 밝은 사람이야.

He must be street smart.
그는 세상 물정에 밝은 게 틀림없어.

언쟁에서는 꼬박꼬박 구구절절 다 이겨 놓고 뒤에 가서 온갖 불이익의 고배를 마시는 사람이 있다. 이런 사람을 '헛똑똑이book smart'라고 한다.

반대 의미로는 Street smart가 있다. 지식과 지혜를 적절히 버무려 마찰을 피해 가는 사람을 Street smart라고 한다. 책으로 얻은 지식보다는 현실 세계에 대해 더 잘 알고 경험이 풍부하다는 뜻이다. 잠재적인 어려움이나 위기 상황에 대처하는데 능통한 '세상 물정에 밝은 사람'을 가리킬 때 쓰인다.

말 그대로 Book smart는 책에서 얻은 지식으로 '고지식한 사람'이고, Street smart는 길에서 수많은 사람과 부대끼며 얻은 경험으로 똑똑해진 사람이다.

참고로, Go by the book은 '책의 지식대로 하다', '(융통성 없이) 원칙대로 하다'라는 뜻이 있다.

DAY
023

Smarty pants
아는 체하는 사람

Smarty pants는 아니꼬울 정도로 아는 척하는 사람을 뜻한다.
매번 가르치려 드는 사람에게 비꼬는 식으로 쓰는 표현이다.
이런 사람은 자신이 똑똑하고 모든 것을 다 안다는 식으로 행동하고 말한다.
Smarty pants는 잘난 척하거나 자신의 지식으로 상대를 무안하게 만드는 사람을 가리키는 표현이다.

EXPRESSIONS 10번 읽으세요

Enough! Smarty pants!
그만해! 아는 척 그만하라고!

쉬운 단어로 네이티브처럼 말하기

Nobody likes a smarty pants.
아무도 잘난 척하는 사람을 좋아하지 않아.

I'd like you to be quiet, Mr. Smarty pants.
좀 조용히 해주시죠, 잘난척쟁이.

Don't be a smarty pants!
잘난 척하지 말아요!

힐러리 쌤의 절대공감 영어 표현

Smarty pants는 '아는 체하는 사람', '잘난척쟁이'라는 아주 재미있는 표현이다. Smart cookie 혹은 Know-it-all이라고도 한다. 이 단어들은 모두 부정적인 뉘앙스를 띤다. Okay, you smarty pants!(그래, 너 잘났다!) 이처럼 비꼬는 식으로 자주 쓰이는 표현이다.

아는 것이 많아도 겸손한 사람이 있고, 꼭 남에게 자랑하려는 사람이 있다. 모 대학의 교수는 타인의 장점을 간과하고 단점을 들추어내 매번 조롱했다. 그는 논쟁할 때 상대를 은근히 멸시했다. 혼자만 답을 아는 질문으로 틀린 대답을 유도한 후에 조롱을 일삼곤 했다.

도박 중독자들 사이에서 나름 지혜로운 격언이 하나 있다.

"Don't lose people when you lose money."

(노름판에서 돈은 잃어도 사람까지 잃고 오지는 마라.)

노름판에서도 '비즈니스와 경영은 결국 사람을 얻는 것earning people'이라는 진리를 인지하고 있나 보다.

사람을 잃는 패턴의 언행들은 없었는지 스스로 되돌아보자. Smarty pants(아는 체하는 사람) 역할을 하느라 미운털이 박히지는 않았는지, 매번 나의 옳음을 증명하며 인성에 문제 있는 사람으로 낙인찍히지는 않았는지 말이다.

DAY 024

Back in the days
라떼는 말이야

'나 때는 말이야!', '옛날에는 말이지…'에 해당하는 표현은 Back in the days를 쓴다.
손아랫사람을 다그치거나 자신만의 방법을 강요하려고 쓰이지는 않는다.
말 그대로 순수하게 자신의 과거를 상대에게 들려주고자 할 때 이 표현을 쓴다.

EXPRESSIONS 10번 읽으세요

Back in the days, I was really popular.
한때는 나도 인기가 많았어.

쉬운 단어로 네이티브처럼 말하기

Back in the days, I had the most expensive car.
한때는 내가 가장 비싼 차를 탔지.

Back in the days, I had more than 5 companies.
한때는 내 회사가 5개 이상 있었지.

Back in the days, I had my own business.
한때는 내 사업을 했었어.

한때 화려했던 과거를 인정받고 싶은 욕구는 동서고금을 막론하고 매한가지인가 보다. 영어에도 '나 때는 말이야!', '그때는 말이지…'에 해당하는 Back in the days…(그때는 말이야…) 표현이 있다.

'내가 네 나이였을 때'는 When I was your age라고 하면 된다. 혹시 이 말이 듣기 힘들거나 거북하다면 'Would you please stop?'(이제 그만하시죠?)라고 당당하게 요청할 수도 있다.

요즘 젊은이들은 '라떼는 말이야'라는 표현으로 이전 세대의 꼰대 같은 성향을 비꼬기도 한다. 세상이 급변하는 만큼 세대 간 의식 차이도 서로 닿을 수 없는 거리로 밀려난다. X세대와 Z세대 사이에 어중간하게 끼인 채 사회생활을 하는 Y세대인 나는 상황과 상대에 따라 '멀티 페르소나multi persona'의 가면을 빈번하게 바꿔 쓴다. 제아무리 Z세대라도 경험과 연륜만이 해결할 수밖에 없는 한계에 봉착하는 것을 본다. 아무리 날고 기는 무적의 신세대라도 고난과 변수가 기본값인 인생의 순리를 비껴갈 순 없다.

나이가 크게 작용하지 않는 미국에서는 연령 차별 또한 성차별만큼이나 민감한 이슈다. 실제로 나이 차별은 삶에 대한 의지 감소, 건강한 생활방식에 대한 욕구 감소, 질병 회복의 어려움, 스트레스 증가 및 정신적, 육체적 쇠퇴를 초래한다. 그래서 미국에서는 나이로 누군가를 차별했다가 오히려 본인이 위태로워진다. Agism(연령차별주의)라는 용어가 따로 존재할 정도이다.

DAY 025

Don't cross boundaries!
선 넘지 마세요!

사생활에 관련된 질문이나 심한 참견을 삼가 달라는 표현이다.
서구인들은 인구 조사나 사회 과학 목적의 프로젝트가 아닌 이상 누군가의 결혼, 자녀, 건강 등 지극히 개인적인 것을 바로 앞에서 묻지 않는다.
꼭 물어봐야 하는 상황이라면 마지못해 "I'm not trying to be nosy, but..." (남의 사생활에 참견하려는 건 아니지만…)이라고 꼭 밑밥을 깔아둔다.

EXPRESSIONS 10번 읽으세요

Please don't cross boundaries.
제발 선을 넘지 말아 주세요.

쉬운 단어로 네이티브처럼 말하기

They always cross boundaries.
그들은 항상 선을 넘어.

I'm not trying to cross boundaries.
선을 넘으려는 건 아니에요.

I'm feeling a little uncomfortable.
You're crossing boundaries.
그리 편하진 않네요. 선을 넘고 계십니다.

힐러리 쌤의 절대공감 영어 표현

Cross boundaries와 함께 Set boundaries(선을 정하다)라는 표현도 자주 쓴다. 원만한 관계를 위해 '선을 넘지 말아야 한다'는 것은 지구상 모든 곳에 적용되는 진리다.

높은 인구 밀도 속에서 관계 중심적으로 사는 동양인들이 흔히 저지르는 실수가 있다. 타인과의 첫 만남에서 너무 호구 조사를 해댄다는 것이다.

다음 질문들은 내가 어떤 한국 사람을 만나든 듣는 질문이다.

결혼은 하셨어요?(Are you married?)

아이가 있으세요?(Do you have children?)

부모님은 뭐 하세요?(What do your parents do?)

학교는 어디 나오셨어요?(Which school did you go to?)

이런 호구 조사용 질문 속에는 나의 사회·경제적 지위, 전반적인 형편을 가늠하려는 의도가 숨어 있다. 그로 인해 한쪽으로 쏠리는 특권의식 혹은 무언의 갑을 관계가 형성되기도 한다. 슬프다.

서구인들은 누군가의 결혼, 자녀, 건강 등 지극히 개인적인 것에 대해 묻기보다는 주로 상대의 하루는 어떻게 흘러가고 있는지, 평소 관심사가 무엇인지 물어보면서 스몰 토크를 시작한다. 상대가 편안하게 느끼도록 하는 배려다.

DAY
026

Lookism
외모지상주의

Looks는 외모다. 동의어는 Appearance가 있다.
미국인은 상대의 외모를 칭찬할 때 Cute라는 표현을 주로 쓴다.
Oh, my gosh! You look so cute today!(어머나! 너 오늘 정말 예뻐 보인다!)
다 큰 성인에게 왜 Cute라는 단어를 쓰는지 처음에는 이해하기 어렵다.
성인들끼리 매력적인 이성을 묘사할 때 'Cute'라는 말을 자주 쓴다.

EXPRESSIONS 10번 읽으세요

I'm not obsessed with how I look.
전 외모에 집착하지 않아요.

쉬운 단어로 네이티브처럼 말하기

Lookism affects people in a negative way.
외모지상주의는 사람들에게 부정적인 영향을 끼쳐요.

Don't judge people based on their looks.
외모를 기반으로 사람을 판단하지 말아요.

I get particular about how I look.
나는 외모에 많이 신경 쓰는 편이다.

힐러리 쌤의 절대공감 영어 표현

미국인들은 누군가에게 호감을 직접 표현할 때 "You're cute!"라고 대놓고 말하는 용감한 사례가 많다. 이것을 이해하지 못했던 나는 왜 나를 손아랫사람처럼 취급하는지 매번 의아해했던 기억이 있다.

미국 유학 생활 중에 캠퍼스의 전경은 거의 모든 학생이 후드 티셔츠hoodie나 레깅스leggings 혹은 트레이닝 바지sweatpants를 입은 모습이었다. 많은 여학생이 화장기가 전혀 없는 얼굴에 머리를 빗지 않아 헝클어진 모습으로도 당당하게 다닌다. 나도 덩달아 자신감을 얻어 화장기 없는 얼굴과 운동복 차림으로 몇 년을 살았다. 학교 로고가 박힌, 보풀이 가득 일어난 후드 티셔츠, 너무 오래 입어서 물이 빠진 청바지 몇 벌로도 충분했다. 내 차림새로 지적을 받거나 차별 대우를 받은 기억은 없다.

미국 문화는 외모에 대한 집착이 비교적 낮다. 과체중 여성 전용 옷가게에서도 멋진 플러스 사이즈 모델들이 포즈를 취하고 있는 포용적인 사회 풍조다. 획일화된 미의 기준이 아닌 사이즈의 다양성을 인정하는 것도 정말 선진적인 문화다. '있는 그대로를 존중'하기 때문이다.

DAY 027

Silver spoon
금수저

우리는 '금수저'라는 표현을 쓴다.
하지만 영어로는 '은 숟가락(Silver spoon)'이라고 한다.
흔히 우리가 사용하는 금수저는 영어로
He/She is born with a silver spoon in his/her mouth.
(저 사람은 은 숟가락을 입에 물고 태어났다.)라고 표현한다.

EXPRESSIONS 10번 읽으세요

She was born with a silver spoon in her mouth.

저 여자는 금수저예요.

쉬운 단어로 네이티브처럼 말하기

Wasn't he born with a silver spoon in his mouth?

그 남자는 원래 금수저 아닌가요?

I wasn't born with a silver spoon in my mouth.

저는 금수저가 아니에요.

I think they were born with silver spoons in their mouths.

내 생각에 그들은 금수저 같아.

식탁에 수저를 놓는 식사문화가 정착하기 전에 중세시대 사람들은 은 숟가락을 직접 갖고 다녔다. 부유한 계층은 매번 은 숟가락을 자신의 사회계급을 어필하기 위해 드러내곤 했다.

친구는 금수저로 태어나지 못해 부모님을 원망한다. 매체에서는 '금수저', '흙수저' 같은 단어로 부모의 명성과 재력을 업은 이들에 대한 상대적 박탈감relative deprivation을 부추긴다. 하지만 부모에게 모든 것을 물려받은 금수저도 실력과 깜냥이 안 되면 유지가 안 된다.

단순히 물려받은 '재산'만 의지하는 금수저는 오히려 더 위험할 수도 있다. 시대와 대세의 흐름에 유연하게 대처하지 못해 자신의 세대에서 모든 부귀영화는 소진되고 그 이후 세대는 큰 고통을 당하는 사례가 많다.

요즘은 특히나 고학력, 고스펙의 엘리트가 넘쳐나는 시대다. 부모의 울타리 안에서 비빌 언덕에 익숙한 사람들보다 스스로 일궈낸 자신만의 울타리 안에서 자신의 역량을 넓혀 나갈 때 더 풍요로워질 가능성이 크다.

'자수성가한'은 영어로 Self-made이다. 말 그대로 스스로(Self)의 힘으로 made(만들어진) 훌륭한 사람이라는 뜻이다.

He is a self-made millionaire. (그는 자수성가한 백만장자예요.)

He is a self-made business man. (그는 자수성가한 사업가입니다.)

DAY
028

It's my fault
내 잘못이야

자신의 잘못을 쿨하게 인정하는 표현이다.
fault는 잘못, 실수라는 뜻을 가진 단어다.
누구의 잘못은 One's fault라고 쓴다.

EXPRESSIONS 10번 읽으세요

It's not your fault. It's my fault.
그건 네 잘못이 아니야. 내 잘못이야.

쉬운 단어로 네이티브처럼 말하기

It's nobody's fault.
아무의 잘못도 아니야.

The accident was my fault.
그 사고는 내 잘못이었어.

It was our fault.
그건 저희 잘못이었어요.

힐러리 쌤의 절대공감 영어 표현

미국인들은 자신의 과오를 비교적 빠르고 쿨하게 인정하는 편이다. 무조건 남 탓, 환경 탓으로 돌리기보다 '내 잘못이야!'(It's my fault!) 이 한마디를 쿨하게 외치며 자존심을 잘 내려놓는다.

"It was my mistake."(내 실수였어.)라며 잘못을 인정한다고 해서 패배자로 전락하거나 모든 책임을 독박 쓰지 않는다. 빨리 시인하면 할수록 용서하고 관용하며 문제 해결 방안을 함께 모색해 나간다.

물론 "It's your fault!"라는 비난과 원망의 표현이 있지만, 경험상 좀처럼 많이 사용하지 않았다. 문제의 원인에 붙잡혀서 앞으로 나아가지 못하는 감정적인 반응이 아닌 빨리 인정하고 문제 해결로 넘어가려는 합리적인 사고를 하고 있었다.

오히려 "It's not your fault!"(그건 네 잘못이 아니야!), "Stop beating yourself up!"(자신을 그만 좀 못살게 굴어!)라고 상대가 숨을 고르도록 해준다.

'책임을 지다'라는 표현은 영어로 Take responsibility라고 한다. 예를 들어, "당신은 이에 대한 책임을 져야 해요."라고 말한다면 "You have to take responsibility for this."라고 하면 된다.

'Take the blame'은 '~로 인한 비난을 받다.'라는 뜻이다. "내가 비난을 (책임의 일환으로) 받았어(감내했어)."는 영어로 "I took the blame."이라고 표현하면 된다.

DAY 029

Gaslighting
가스라이팅

Gaslighting은 의도적인 심리적 착취를 말한다.
영국의 극작가 패트릭 해밀턴이 연출한 〈가스등(Gas Light)〉에서 유래했다.
심리치료사이자 정신분석가인 로빈 스턴이 처음으로 심리학 용어로써 개념을 정립했다.

EXPRESSIONS 10번 읽으세요

She is gaslighting him.
그녀는 그에게 가스라이팅 하고 있어.
(그녀는 그가 심리적으로 의존하게 만들고 있어.)

쉬운 단어로 네이티브처럼 말하기

That's an example of gaslighting.
그건 하나의 가스라이팅 사례야.

That was also a form of gaslighting.
그것도 하나의 가스라이팅 형태였어.

Get a grip! You've been gaslighted.
정신 차려! 넌 가스라이팅에 속아 왔어.

가스라이팅은 자신의 이익을 위해 상대를 착취하거나, 헌신의 탈을 쓰고 상대를 심리적으로 자신에게 의존하게끔 만드는 심리적 조종자 역할을 하는 것이다. 타인을 교묘하게 조종해서 현실감과 판단력을 뒤흔든 후에 자신의 유익대로 통제하는 행위를 Gaslighting이라고 한다.

실제로 〈가스등〉이라는 영화에서 이 심리적 착취가 정확히 묘사된다. 아내의 재산을 노리고 위장 결혼을 한 남편이 아내를 정신병자로 만드는 과정을 그린 영화다. 집안의 가스등을 의도적으로 희미하게 만든 후 아내가 어둡다고 말할 때마다 아내를 비난하고 부정함으로써 현실감, 자기신뢰를 잃게 만든다. 아내는 더는 자신을 신뢰하지 못하고 남편에게 전적으로 의존하게 된다.

이렇게 타인의 현실을 훼손시키고 심리적으로 착취하는 사람을 Gaslighter(가스라이터)라고 한다. 자신의 신념과 직관을 더 이상 신뢰하지 못하는 피해자victim는 거짓, 범죄에 대한 분별력을 상실한 상태에 이르므로 매번 정신적 조종을 당한다. 자신을 착취하며 남에게 맹목적인 헌신을 하고 옳지 않은 일에 가담하기도 한다.

관계 중심적인 동양 문화권에서는 자신도 모르는 사이에 가까운 사람에게 심리적 착취를 당할 가능성이 높다. 주로 소시오패스와 자기애주의자들이 주위 사람들에게 가스라이팅을 한다. 때로는 매력적이고 자신감 있는 모습을 보이며 환심을 산 후 타인의 심리를 착취하는 경향이 있다.

DAY
030

Leaving work on time
칼퇴하다

우리나라에서는 '칼퇴'라는 말을 쓰지만,
미국에서는 '정시에 퇴근하다'라고 풀어쓰는 표현이 있을 뿐이다.
재택근무는 Work from home이라고 쓰고, 줄여서 WFH이라고 표기한다.
야근할 때는 Working overtime이라고 표현한다.

EXPRESSIONS 10번 읽으세요

I'm leaving work on time these days.

나는 요즘 칼퇴하고 있어.

쉬운 단어로 네이티브처럼 말하기

Are you leaving work on time?

칼퇴하고 있니?

He always leaves work on time.

그는 항상 칼퇴근해.

I'm trying to leave work on time.

칼퇴하려고 노력하고 있어요.

영어에는 '칼퇴'라는 용어가 따로 없어서 굳이 문장으로 구구절절 풀어서 설명해야 한다. I leave work on time.(저는 정시에 퇴근합니다.)라는 말이 영 어색하다. '저는 지구에 삽니다.' '저는 수저로 밥을 먹습니다.'처럼 듣는 사람에게 '굳이 왜 그걸 말로 해야 하는지?(Why would you say that?)' 의문을 갖게 할 뿐이다.

구글을 비롯한 미국의 대기업들은 '개인 리듬에 맞춘 업무 시간제'를 도입한 지 오래되었다. 직원을 배려하는 천사 오너의 자비로움 같이 들리기도 한다. 하지만 실상은 책상에 오래 앉아 있는 애사심보다는 '성과를 내달라'고 대놓고 요구한다.

나는 지구 반대편에 있는 실리콘밸리에서 천재들과 함께 일했다. 야근은 애사심과는 전혀 거리가 멀었다. 회사에서 정해 준 제한된 시간 안에 자신의 일을 해낼 수 없었다는 상징일 뿐이었다. 다른 회사에서 일하던 내 친구는 야근을 너무 자주 한다는 이유로 매번 극단의 경고를 받더니 급기야 가차 없이 해고를 당했다. 미국 노동법상 추가 수당이 꽤 높은 이유로 오히려 사용자 측에서 야근을 꺼린다. 야근이 잦다는 것은 주어진 시간 안에 임무를 완수하지 못한다는 무능력함의 상징뿐만 아니라 다수가 없는 틈을 타 회사에 해를 끼칠 가능성으로 여겨지기도 한다.

네이티브처럼 쉬운 단어로 말하는 법 ❷

먼저, 영어 공부에 대한 나의 경험담을 들려주고 여러분 스스로 외국어를 습득할 수 있는 방법을 알려주고 싶다.

나는 미국에 건너가기 전부터 영어에 관심이 많은 편이었다. 그래서 미국에 가서도 언어에 대한 문제는 없을 것으로 생각했다. 체계 있게 과외를 받거나 값비싼 학원에 다니지 못했지만, 뭐든 해내리라는 특유의 배짱이 있었다. 하지만 현실은 냉혹했다. 지극히 원어민다운 표현으로 점철된 일상의 대화는 난생처음 들어보는 말들로 가득했다. 학교 수업도 학문적인 용어와 전문 용어가 많았다. 단순히 영어를 잘하고 관심 있어 하는 것은 어느 정도 도움이 되었지만 넘어야 할 장벽은 엄연히 존재했다.

외국인이 거의 없는 작은 시골 마을에서 혼자 영어를 배우기는 쉽지 않았다. 시간이 날 때마다 나는 아침부터 밤까지 동네 곳곳을 누비며 적응하려 애썼다. 종종 현지 친구들과 식탁에서 나누는 대화를 이해할 수 없었다. 이제 막 자신감을 가지고 끼어들려 할 때면 이미 다른 주제로 넘어가 있었다. 모두가 웃음이 빵 터지는 중요한 농담을 매번 놓쳤다. 귓가에 어렴풋이 들리는 말이지만 머리로는 이해할 수 없었다.

하루는 싸가지 없는 백인 친구 중 한 명이 바로 앞에서 내 실수를 지적해댔다. "Ceramic"(사기, 도자기 재질)은 원래 "쎄!뤄믹" 이렇게 맨 앞에 강세를 줘야 하는데 자꾸 "쎄뤄!-믹"이라고 하는 내게 훈수를 뒀다. "Hey, it's ceramic not ceremic!"이라면서 면전에서 나를 비웃었다. 순간 너무 창피해서 울고 싶었다. 동시에 오기가 생겼다. 언젠가는 저 백인 친구보다 더 고급스러운 영어를 구사하고 정확한 발음을 자랑할 것이라고 스스로 다짐했다. 어딜 가든 수다쟁이가 되고 매번 재미있는 농담을 하는 분위기 메이커가 되겠다고 마음을 굳게 먹었다. 그렇게 나는 엉뚱한 영어를 뻔뻔하게 말하는 것부터 남몰래 원어민 표현 모음집을 보고 연습하는 것까지 온갖 방법을 동원했다.

어느새 나는 유창하게 영어로 말하기 시작했다. 육안상으로는 동양인의 모습을 한 유학생이었지만 하루에 한국어를 한마디도 하지 않고 영어를 더 많이 했다. 비로소 미국 가족의 일원이 되었다.

처음 만난 사람이 "How are you?"라고 물어보면 미소를 크게 지으며 "Doing well and yourself?" 되물었다. 겁먹고 뒷걸음치기보다 상대를 포용하고 오히려 내가 마치 손윗사람인 것처럼 여유 있는 태도로 환대했다. 난 더는 소수 민족 출신의 이방인이 아닌 당당한 주류 사회의 일원이라는 무언의 구도를 '내가 직접' 만들어갔다. 알고 보니 서구 사회에서 매력 있는 사람으로 여겨지는 기준은 외모와 화려한 스펙보다 자존감이 높고 주도적인 사람이었다. 그들 자체가 독립적이고 적극적인 정서를 갖고 있기에 동질감이 느껴지는 타인에게 호감을 갖는 것이었다. 이 부분은 간과해서는 안 될 중요한 부분이다.

DAY 031

Thank you note
감사편지

영미권의 고유한 문화는 2~3문장 손수 쓴 편지,
메모로 감사를 전하는 것이다.
감사편지는 이메일이나 문자보다 훨씬 강력한 감동을 전해준다.
감사한 일이 있을 때 꼭 Thank you note를 써서 주기를 권한다.

EXPRESSIONS 10번 읽으세요

She gave me a thank you note.
그녀가 내게 감사편지를 줬어.

쉬운 단어로 네이티브처럼 말하기

I'm writing a thank you note.
감사편지를 쓰고 있어.

I forgot to send her a thank you note.
그녀에게 감사편지 보내는 것을 깜빡했어.

I'll send him a thank you note.
그분께 감사편지를 보낼 거야.

힐러리 쌤의 절대공감 영어 표현

내가 습득하기를 잘한 것 같다는 판단이 드는 문화가 있다. 그것은 바로 Thank you note(감사편지)다. 자그마한 종이 카드를 사서 기어코 손편지를 쓰는 레트로한 감성은 이 험난한 디지털 시대에서 살아남은 정감 넘치는 감사 표현이다. 이 손수 쓴 감사편지는 문자나 톡 메시지의 백배 정도 되는 마음의 울림을 준다고 해도 과언이 아니다.

감사편지를 잘 써서 주면 특별한 사람으로 평생 기억 속에 남을 수도 있다. 손바닥만 한 조그만 카드에 한 단락을 넘지 않도록 2~3 문장 정도 짧고 묵직한 메시지를 적는다.

Your visit to the hospital was really thoughtful.
(병문안을 와 주신 것은 정말 사려 깊었습니다.)
I am feeling so much better and wanted to let you know how much I appreciate your support.
(저는 훨씬 많이 나아졌습니다. 그리고 제가 당신의 응원에 얼마나 감사하고 있는지 꼭 알도록 해 드리고 싶었습니다.)

이렇게 짧고 간결한 몇 마디가 특별한 감동을 주고, 관계의 농도는 짙어진다.

DAY 032

I'm so sorry

뭐라고 위로를 해야 할지 모르겠어

미안할 때 I'm sorry.라고 하지만,
상대에게 위로의 마음을 전할 때도 유감의 표현으로 I'm sorry.를 쓴다.
위로할 때 가장 자주 쓰는 표현은 Sorry다.
잘못해서 미안한 것이 아니라, 그 과정을 묵묵히 견뎌내고 있는
당사자의 실제적인 고통을 덜어내 줄 수가 없어 유감인 것이다.

EXPRESSIONS 10번 읽으세요

I'm so sorry.
어떤 말로 위로를 해야 할지 모르겠어. 유감이야.

쉬운 단어로 네이티브처럼 말하기

I'm sorry you lost your grandma.
할머니께서 돌아가셨다니 어떤 말로 위로를 해야 할지 모르겠어.

I'm so sorry but you'll get another chance.
유감이지만 다른 기회가 있을 거야.

I'm so sorry. I don't know what to say.
정말 유감이야. 무슨 말로 위로를 해야 할지 모르겠어.

힐러리 쌤의 절대공감 영어 표현

미국과 한국은 위로 문화가 다르다. 미국에서는 초지일관 '힘내라!', '괜찮아질 것이다!'라는 표현으로 상대가 고통의 시간을 건너뛰도록 하지 않는다. 그들의 위로 속에는 온전히 몰입해서 슬퍼할 기회를 주는 숨 쉴 공간이 제공되어 있다.

A: I lost my dog. (강아지를 잃어버렸어.)

B: Oh, I'm so sorry. (뭐라고 위로의 말을 해야 할지 모르겠어.)

미국인은 위로할 때 I'm sorry. 를 쓰지만, It's really tough right now for you. 도 주로 쓰인다. '네 입장에서는 지금 정말 힘들겠구나.'라는 표현이다. 위로자의 입장에서 "힘내!", "괜찮아질 거야!"보다는 상대의 입장을 인정하고 공감해 주는 비중이 더 크다.

미국인은 "I'm so sorry!" 이 한마디를 하면서 상대를 꽉 안아준다. 대화의 여백을 굳이 다 채우려고 들지 않는다.

Please let me know if there's anything I can do for you.

(내가 널 위해 해줄 것이 있다면 나에게 알려줘.)

이 표현은 '너는 힘을 내야 한다.'가 아닌 '네가 힘을 내기 위해 내가 무엇이든 하겠다.'라는 메시지다.

DAY 033

Honor vs. Respect
존중하다 vs. 존경하다

'존중'과 '존경'은 엄연히 다르다.
썩 좋다고 판단되지 않아도 존중해 줄 수는 있다.
그럴 땐 Honor라는 표현을 쓴다.

EXPRESSIONS 10번 읽으세요

We honor your decision.
우리는 네 결정을 존중해.

쉬운 단어로 네이티브처럼 말하기

I learned to honor my emotions.
내 감정을 존중하는 법을 배웠어.

I really respect my professor.
난 교수님을 정말 존경해.

He is respected by all the staff members.
그분은 모든 직원들의 존경을 받아요.

힐러리 쌤의 절대공감 영어 표현

Honor는 '존중하다'라는 뜻의 영어 단어다. 이와 비슷한 단어 Respect를 영어 시간에 외워 본 적이 있을 것이다. Respect는 '존경하다'라는 뜻이다. 이 단어의 엄밀한 뜻은 're(다시)+spect(보다)'라는 뜻이다. 나이와 지위가 무색하리만큼 Respect(존경)이란 '주어'가 '목적어'에 하기 나름이다.

누군가를 혹은 무언가를 조건 없이 '존중'해줄 수는 있으나, '존경'은 엄연히 다른 차원이다. 존경은 상대가 감동적이기에 다시 보게 되는 것이다. 상대가 탁월하고 존경할 만한 가치가 있기에 저절로 눈이 간다. 절대적으로 수동적이다. '존경'이란 '존중'과는 달리 전적으로 상대에게 달렸다.

Look up to는 '존경하다'라는 의미의 표현이다. 문자 그대로 해석하면 '~를 위로 쳐다보다.'라는 의미다. Look up 자체가 위로 시선을 올리는 것이기 때문이다. 그래서 '우러러보다, 존경하다'라는 의미가 있다.

I look up to my parents. (난 내 부모님을 존경해.)

We all look up to him. (우리는 그를 존경해.)

I look up to her in many ways. (난 그녀를 여러모로 존경해.)

We need leaders we can look up to.

(우리는 존경할 수 있는 리더가 필요해.)

DAY
034

Less is more
빼기가 더하기다

Less is more는 적을수록 많다는 의미다.
적은 것이 풍부한 것일 수도 있다.
'완전함'이란 더 이상 뺄 것이 없는 상태이다.
'무엇을 더할 것인가'에 대한 고민보다 '무엇을 뺄 것인가'를
먼저 고민하는 편이 낫다.

EXPRESSIONS 10번 읽으세요

Always remember less is more.
적은 것이 더 많은 것이라는 걸 항상 기억해.

쉬운 단어로 네이티브처럼 말하기

I really think less is more.
적으면 적을수록 더 좋은 거 같아.

I prefer a simple life. Less is more.
난 간단한 게 좋아. 적을수록 많거든.

I often forget less is more.
종종 적을수록 많다는 것을 잊어버려.

"Less is more."(뺄수록 많다)라는 명언은 원어민들이 일상생활에서 참 많이 쓰는 표현이다. 여행할 때 꾸역꾸역 싸 온 짐을 갖고 다니는 내게 친구는 "Less is more! Travel light!"(뺄수록 많은 거야! 가볍게 여행해!)라고 했다. 이 말은 '짐을 적게 꾸려!'라는 말과 같다. 짐이 적을수록 여행이 풍성해진다.

내 직업은 강사인데 평소에는 말수가 많지 않다. 교육방송과 강연에서는 주저리주저리 말을 늘어놓지만 삶의 자리로 돌아오면 말을 함으로써 빠져버린 에너지를 충족시키려 주로 침묵을 택하는 편이다(I choose silence). 인간관계 또한 마찬가지이다. 나의 매력을 쏟아부어 상대를 함몰시키기보다는 조금씩 서로에게 물들어가는 것을 선호한다. 쌍방의 대화에서도 탁구공을 주고받는 식의 대화보다 적절한 여백이 있는 대화를 추구한다. 그러다 보니 애매한 타이밍의 행간의 여백과 종종 침묵으로 보이는 경청 때문에 상대에게 오해를 사는 경우가 종종 있다.

대화 중 잠시의 침묵 자체를 굳이 부정적인 신호라고 받아들일 필요는 없다. 이토록 잠깐의 침묵을 두려워하는 것은 '혹시 나 때문에 기분이 안 좋은 걸까?'라는 약간은 순진한 오지랖과 상대를 기쁘게 해 주고픈 마음, 즉 과도한 이타심에서 비롯된 불안이 아닐까 생각한다. 그 불안을 해결하고자 자신의 진심을 증명받으려 애쓰는 것이다.

DAY 035

Fearless
두려움 없는

영어 단어 뒤에 -less를 붙이면 '~가 없는'이라는 뜻으로 바뀐다.
fear(두려움)는 -less를 붙여서 fearless(두려움 없는)이 된다.
careful(주의 깊은)/careless(주의력이 없는),
meaningful(의미 있는)/meaningless(의미 없는).

EXPRESSIONS 10번 읽으세요

You're fearless.
넌 두려움이 없구나.

쉬운 단어로 네이티브처럼 말하기

She's a fearless girl.
그 여자는 두려움이 없어.

It seems like he's fearless.
그 남자는 겁이 없는 거 같아.

He's fearless when he makes decisions.
그는 의사결정을 할 때 두려움이 없어요.

어느 날 친구는 내게 말했다. "명현아, 나 코로나 끝나면 영국에서 1년 살아보기를 해볼 거야!" 친구는 말이 끝나기가 무섭게 "나 영어 못하는데 어쩌지…", "영국 가서 적응 못 하면 어쩌지…", "코로나가 빨리 안 끝나면 어쩌지…." 등등 두려움 가득한 멘트가 그 후로도 한참 계속됐다.

나는 속으로 말했다. '친구야, 먼저 두려움 없이 1년 살아보는 건 어때?'(How about living fearlessly for 1 year?)

이 지구별에 사는 누구에게나 적용되는 중력의 법칙처럼, 두려움이란 모든 인간이 가진 기본값이다. 유독 나만 '쫄보(chicken, coward)'라서 두려운 것이 아니다. "Do something everyday that scares you."(매일 자신이 두려워하는 일을 하나씩 하라.) 이 명언처럼 '두려워하지 말아요'를 넘어서 '두려워하는 일을 하라'는 경지에 오른 사람들이 부러울 따름이다.

하루아침에 두려움에서 벗어나는 사람은 없다. 하룻밤 사이에 끝나는 게임이 아닌, 혹은 타고난 사람만이 하는 것이 아닌 끊임없는 훈련과 노력이 필요하다. 비슷한 경험치를 쌓는 과정에서 조금씩 변화되어 가는 것이 오히려 더 좋다. 두려움과 그것을 다루는 과정이 종합해서 만들어내는 총체적인 성장holistic growth을 맛볼 수 있으니까.

DAY 036

Spread oneself too thin
일을 너무 많이 벌이다

Spread는 '얇게 펴 바르다'라는 동사,
식빵에 발라서 먹는 Spread(스프레드) 명사로도 쓰인다.
Spread oneself too thin은 한정된 에너지와 자원을
너무 얇게 펴 바른다는 표현이다.
이것저것 일을 시작해 놓고 실속이 없는 상태를 가리킨다.

EXPRESSIONS 10번 읽으세요

Don't spread yourself too thin.
이것저것 너무 많이 하지 마.

쉬운 단어로 네이티브처럼 말하기

I was spreading myself too thin.
난 이것저것 일을 많이 하고 있었어.

He's trying not to spread himself too thin.
그는 이것저것 많이 하지 않으려 하고 있어.

I've been spreading myself too thin lately.
최근에 이런저런 일을 많이 하고 있어.

힐러리 쌤의 절대공감 영어 표현

우리의 자원과 에너지는 한계가 있다. 에너지 총량을 너무 얇게 퍼뜨리면spread 실속이 없다. 영어에 Don't spread yourself too thin. 이라는 재미있는 표현이 있다. 적은 양의 잼Jam을 큰 식빵에 얇게 펴 바르면 맛이 떨어진다.

우리 자신 또한 마찬가지다. 너무 많은 영역에 한정된 자신을 넓게 펴 바르면 효율성이 떨어진다. 넘치는 열정으로 이것저것 많은 것을 성취하려 하지만 실상 선택과 집중이 중요하다. 대부분이 결과를 빨리 내려 하는 조급함과 욕심 때문에 실속 없이 많은 일을 동시에 하게 된다.

장기적 성공을 방해하는 단기적 사고가 문제다. 우리는 모두 현대 사회에서 무엇이든 빨리하도록 프로그래밍 되어 있다. 하지만 매번 '빨리' 가는 것의 문제는 꾸준함을 유지하는 능력을 소진시킨다는 것이다. 단기로 과하게 에너지를 소진하면 장기적인 시야를 놓칠 수밖에 없다.

언젠가 20년 후 과거를 되돌아보며 그때 '~할걸' 하며 후회할 법한 것들을 적어봤다. 그중에 '꾸준한 운동'이 있었다. 그래서 당장 격투기를 시작했다. 종합 격투기를 다섯 시간씩 산발적으로 하는 것보다 하루 30분씩이라도 꾸준히 운동하는 것이 더 낫다. 꾸준함은 시간이 지남에 따라 개선될 수 있는 근육이다. 중요한 것은 올바른 방향으로 목표 세팅이 되어 있고 천천히 진보를 이루고 있다는 것이다.

DAY 037

Integrity
나뉘지 않는 진실함

Integrity는 영어로 누군가를 칭찬할 때 쓰는 최고의 표현이다.
많은 사람이 integrity의 뜻을 '성실'이라고 알고 있다.
하지만 실제 의미는 '부지런한 성실'이기보다 '나뉘지 않는 진실함'이다.
자신에게도 정직하고 자신과의 약속을 지킬 줄 아는 인격을 뜻한다.

EXPRESSIONS 10번 읽으세요

He is a man of integrity.
그 사람은 정말 정직한 사람이에요.

쉬운 단어로 네이티브처럼 말하기

They didn't care about integrity.
그들은 정직 따윈 신경 쓰지 않았어.

I was questioning his integrity.
그의 진실성을 의심하고 있었어.

Integrity is the most important thing.
나뉘지 않는 진실함이 가장 중요한 것이지.

셀 수 없이 많은 영어 단어 중에서 내가 가장 좋아하는 단어는 Integrity이다. Honesty가 '남에게 거짓말하지 않는 정직함'이라면, Integrity는 한술 더 떠서 '남에게는 물론이고 동시에 나 자신에게도 정직한 것'이다.

일전에 본 미국 드라마의 한 장면이 아직도 생생하게 기억난다. 한 직원이 직장 상사 앞에서 다른 직원을 "She's a woman of integrity."라고 칭찬했다. 그 말 한마디에 살얼음판 같던 분위기가 순간 온화해졌다. 칭찬받은 직원의 감동은 놀라서 어쩔 줄 몰라 하는 표정에 고스란히 묻어났다. 순간의 정적은 꽤 묵직했다. 갈등은 해소되었고 둘은 더 돈독해졌다.

"He(She) is a man of integrity."라는 말을 듣는 사람이라면, '절대 이중 잣대를 들이대지 않고, 한 입으로 두말하지 않고, 어떤 상황에서도 일관성을 지킬 수 있는 사람'이라는 엄청난 찬사를 받은 것이나 다름없다.

참고로, 서구인들은 '정직'을 타인을 평가하는 최고 순위로 둔다. 재력, 학벌, 명성이 무색할 정도로 그 사람의 인격과 태도에 먼저 집중한다. "Honesty is the best policy."(정직이 최선의 방책이다)라는 오랜 속담이 괜히 존재하는 것이 아니다.

DAY 038

Liar
'거짓말쟁이' 이상의 경멸의 표현

미국인은 정직을 최고 순위로 두는 만큼
"You're a liar."라는 말 속에는 단순히 "이 거짓말쟁이야!"라는
기본적인 의미 그 이상이 담겨 있다.
Liar에는 '인간 이하로 보고 있다.'는 경멸의 표현이 함축되어 있다.

EXPRESSIONS 10번 읽으세요

You're such a liar!
이런 거짓말쟁이!

쉬운 단어로 네이티브처럼 말하기

She's a huge liar.
그녀는 엄청난 거짓말쟁이야.

I don't think Jenny is a liar.
난 Jenny가 거짓말쟁이라 생각하지 않아.

They're two-faced liars.
그들은 두 얼굴의 거짓말쟁이야.

힐러리 쌤의 절대공감 영어 표현

한국에서 "이 거짓말쟁이야!"라는 표현은 화자의 분노가 그다지 크게 느껴지지 않는다. 그러나 미국 영화 속의 장면에서는 주인공이 "You're such a liar!"(이 형편없는 두말하는 인간아!) 하며 비난과 경멸이 절정에 다다른다. 그런데 한국어 자막은 "이 거짓말쟁이야!"라고 표기된다. 이 말로는 상황의 심각성을 느끼기 어렵다. 영미권에서는 '남에게는 물론이고 동시에 나 자신에게도 정직한 것'은 돈으로 환산할 수 없는 최고의 가치다.

미국 대학원생 시절에 교수님의 트위터에서 'InteGRITy'라는 글귀를 본 적이 있다. 왜 GRIT라는 철자 네 개만 대문자로 쓰셨을까? GRIT은 미국의 심리학자인 앤젤라 더크워스가 개념화한 용어다. 성공과 성취를 끌어내는 데 결정적 역할을 하는 투지 또는 용기를 뜻한다. 즉, 재능보다는 노력의 힘을 강조하는 개념이다.

Growth mindset(성장 마인드셋)

Resilience(회복력)

Intrinsic Motivation(내적 동기)

Tenacity(끈기)

GRIT은 네 단어의 앞글자를 딴 것이다. 이처럼 Integrity는 마음먹는다고 해서 호락호락 쉽게 따라오는 것이 아니다.

DAY
039

Unity vs. Uniformity
하나됨 vs. 동일화

이민자의 나라 미국에서는 다양성을 인정하고 수용하는 것이 최고의 가치다.
때문에 타인과 서로 다른 관점을 존중하며 적극적으로 배우려고 한다.
그 속에서 합일을 이루는 것이 바로 진정한 Unity이다.
Let's agree to disagree.(동의하지 않기로 동의하자. 즉, 생각이 다르다고 치자.)
라는 말은 아주 흔히 쓰이는 표현이기도 하다.

EXPRESSIONS 10번 읽으세요

Team unity is really important.
팀의 하나 됨이 정말 중요하죠.

쉬운 단어로 네이티브처럼 말하기

There's power in unity.
하나 됨에는 힘이 있어.

We have strong unity in our family.
우리 가족은 끈끈해.

I don't want uniformity. I want unity.
난 동일화를 원하지 않아. 하나 됨을 원해.

힐러리 쌤의 절대공감 영어 표현

Unity와 Uniformity 두 단어의 차이점은 'form'의 유무이다. Unity는 어떤 모양을 막론하고 같은 목표 지점으로 달려가는 것이지만, Uniformity는 목표와는 별개로 'form'(모양)의 획일을 이루는 것이다.

흥미로운 반전은 Unity의 근간이 결국 다양성(Diversity)이라는 것이다. 이것은 특히 이민자의 나라인 미국에서 가장 중요한 가치다. 자신과 인종, 나이, 성별, 종교가 다르다는 것을 겉으로 표현하거나 그런 이유로 상대에게 불이익을 주면 '몰상식한 사람'으로 낙인 찍혀 자신이 오히려 부당한 대우를 '역관광'counter attack 으로 당하기 쉽다(역관광은 상대방에게 공격했는데 오히려 자기가 크게 당하는 경우를 일컫는 일종의 속어다).

안드로이드와 아이폰의 운영체계가 다른 것처럼 개개인의 삶의 운영체계도 각자 다르다. 그렇기에 타인의 인정을 구걸하지 않고 독립적이고 개별적인 자아로 존재하는 것은 인간만의 특권이다. 타인의 인정에 목말라 자신의 모양과 색깔을 변형하면 본연의 아름다움이 퇴색된다. 내면이 성숙하지 않은 사람일수록 상대를 향해 나와 같기를 요구하기도 한다. 주로 집단으로 행동하는 것을 선호한다. '우리' 속에 파묻혀 있는 '나'는 안전하다고 믿기 때문이다.

미국에서는 다양성을 인정하고 수용하는 것이 최고의 가치이기 때문에 굳이 '창의'를 입 밖으로 꺼내지 않아도 창의적인 마인드와 습관이 곳곳에 묻어난다. 본연의 것을 있는 그대로 보려고 하기에 시야를 자신의 관점보다 늘 더 멀리 확보한다.

DAY 040

Fit in

잘 맞다, 잘 어울리다

Fit in은 옷뿐만 아니라 집단이나 단체에 잘 어울리고
그 속에 한 일원으로서 들어맞는다는 의미다.
Fit은 조건이나 상황에 딱 들어맞는 '적임자'라는 의미로도 쓰인다.

EXPRESSIONS 10번 읽으세요

I don't fit in.

난 잘 맞지 않아.

쉬운 단어로 네이티브처럼 말하기

I think he's a great fit.

그 사람이 딱 맞는 거 같아.

Find a group you could fit in.

네가 소속될 수 있는 무리를 찾아봐.

They can fit in anywhere.

그들은 어디에서나 잘 어울릴 수 있어요.

옷을 입으면 Fit(핏)이 좋은 사람이 있다. 옷이 꼭 그 사람만을 위해 만들어진 것처럼 잘 맞는다. Fit이란 동사는 신기하게도 '집단이나 단체에 잘 어울리고 그 속에 한 일원으로서 들어맞는다'라는 뜻도 있다. 원래 그 무리에 오랫동안 속해 오던 사람처럼 조화로운 상태를 떠올리면 이해하기 쉽다.

I fit in이 '인싸'라면, I don't fit in은 '아싸(아웃사이더)'라고나 할까. 영어권에서도 무리에 잘 속하지 못하고 겉도는 사람을 Outsider라고 한다. 하지만 그렇다고 해서 한국처럼 부적응자, 낙오자처럼 부정적인 뉘앙스를 첨가하지는 않는다. 자발적인 아웃사이더들이 오히려 더 쿨cool한 경우도 많기 때문이다.

Fit in은 말처럼 쉬운 것이 아니다. 하지만 의외로 답은 간단하다. '너'는 절대 '나'일 수 없는 '너'임을 빨리 인정하는 것이다. 진정한 관계란 나를 투영한 상대를 품는 것이 아니다. '있는 그대로의 너'를 받아들이고 존중하는 것이다. 그것이 진정한 Fit in이다. 절대로 나와 같을 수 없는 '버거운 상대에게 나의 시공간과 에너지를 기꺼이 내어주는 것'이다.

우리는 어리석게도 상대를 사랑할수록 '또 다른 나'로 만들려고 애쓴다. 우리는 상대의 있는 그대로를 좋아하는 연습이 필요하다. 이 세상이 다채롭고 아름다운 이유는 각자의 삶의 자리에서 자신만의 고유함을 품고 있기 때문이 아닐까.

스몰 토크만 잘해도 생활영어의 절반은 성공이다

외국인들은 스몰 토크를 시도할 때 애초에 상대의 유창한 영어를 바라지 않는다. 스몰 토크는 분위기를 화기애애하게 이어가자는 취지로 나누는 대화다. 영어가 익숙지 않다고 지나치게 경직되거나 의도적으로 회피하는 모습을 보이면 오히려 상대에 대한 예의가 아니다.

어느 날 마트에서 장을 보고 계산하는데 직원이 대뜸 말을 걸었다.

"Seems like you really like sparkling water."

(탄산수를 정말 좋아하시나 봐요.)

나도 자연스럽게 대화에 응했다.

"I do. It's zero calory. I love it."(네, 칼로리가 없잖아요. 정말 좋아해요.)

점원은 얼굴에 미소를 지으며 말했다.

"Right. That's why I drink this instead of Coke."

(맞아요. 그래서 저도 콜라 대신에 탄산수를 마셔요.)

점원은 취향이 같고 대화가 통하는 사람을 만나서 꽤 신난 듯 보였다. 나 또한 마찬가지였다. 이렇게 잠깐의 스몰 토크는 입가에 미소를 짓게 한다. 초면인 사람이 관심을 보이는 말 한마디가 일상의 활력소가 된다.

네이티브가 자주 쓰는 영어를 해석해 보세요

Don't treat me like a doormat!

People think I'm book smart.

Nobody likes a smarty pants.

Back in the days, I was really popular.

Please don't cross boundaries.

I'm not obsessed with how I look.

I wasn't born with a silver spoon in my mouth.

It's not your fault. It's my fault.

She is gaslighting him.

I'm leaving work on time these days.

한글 해석은 뒷 페이지에 →

네이티브가
자주 하는
말을 영어로
해보세요

날 호구 취급하지 말아줘!

사람들은 내가 헛똑똑인 줄 알아.

아무도 잘난 척하는 사람을 좋아하지 않아.

한때는 나도 인기가 많았어.

제발 선을 넘지 말아 주세요.

전 외모에 집착하지 않아요.

저는 금수저가 아니에요.

그건 네 잘못이 아니야. 내 잘못이야.

그녀는 그에게 가스라이팅 하고 있어.

나는 요즘 칼퇴하고 있어.

← 영어 표현은 앞 페이지에

네이티브가
자주 쓰는
영어를
해석해 보세요

She gave me a thank you note.

I'm so sorry.

We honor your decision.

Always, remember less is more.

You're fearless.

Don't spread yourself too thin.

He is a man of integrity.

She's a huge liar.

There's power in unity.

They can fit in anywhere.

한글 해석은 뒷 페이지에 →

그녀가 내게 감사편지를 줬어.

어떤 말로 위로를 해야 할지 모르겠어. 유감이야.

우리는 네 결정을 존중해.

적은 것이 더 많은 것이라는 걸 항상 기억해.

넌 두려움이 없구나.

이것저것 너무 많이 하지 마.

그 사람은 정말 정직한 사람이에요.

그녀는 엄청난 거짓말쟁이야.

하나 됨에는 힘이 있어.

그들은 어디에서나 잘 어울릴 수 있어요.

← 영어 표현은 앞 페이지에

Chapter 03

DAY 041 ~ DAY 060

DAY 041

Ritual
자신을 다스리는 의식행위

Ritual(리추얼)은 예기치 못한 혼돈과 변수들로부터
자신을 지켜주고 정화시키는 의도된 의식행위다.
독서, 악기 연주, 명상 등 자신을 정화하고 스트레스를 해소하는
취미 이상의 의식행위를 말한다.

EXPRESSIONS 10번 읽으세요

This is my daily ritual.
이건 내가 매일 하는 의식행위야.

쉬운 단어로 네이티브처럼 말하기

It's been my ritual for a long time.
오랫동안 해오던 의식행위야.

What are some rituals people do?
사람들은 어떤 의식(정화) 행위를 하지?

It's our family ritual.
우리 가족이 하는 의식행위야.

힐러리 쌤의 절대공감 영어 표현

보통 나는 아침에 일어나 커피를 마시고 일과에 대해 머릿속으로 정리한다. 시간 여유가 있을 때는 유용한 팟캐스트를 듣거나 책을 읽고 틈틈이 자기계발을 한다. 나의 아침 루틴은 하루를 시작하는 데 없어서는 안 될 중요한 리추얼Ritual이다. 이것은 예기치 못한 혼돈과 변수들로부터 나를 지켜주는 자동화 시스템automated system 장치다.

인간은 통제를 사랑한다. 이다음과 내일에 대한 어렴풋한 감각을 갖는 것은 진정 효과가 크다. 하지만 미지의 영역을 위해 최선을 다한다 해도 예기치 못한 고유한 문제들이 우리를 기다리고 있다. 세상이 무너지는 것 같아도 그것이 매번 우리를 스트레스 안에 가두도록 내버려 둘 순 없다.

리추얼을 통해 우리는 자신과 다시 연결될 시간이 생긴다. 리추얼로 인해 습관적인 규칙적 행동들이 분리해 놓은 자신과 일상 사이의 공간이 다시 화합된다. 전체 삶의 색감과 질감이 변화된다. 이 작은 습관들Rituals이 수년에 걸쳐 축적되면 스트레스의 횡포에서 어느 정도 자유로울 수 있다.

사람들이 가장 많이 하는 리추얼의 종류들은 아래와 같다.

Jumping out of bed with a smile at 6 am
(오전 6시에 웃는 얼굴로 기상하기)

Going for a morning walk(아침 산책하기)

Doing Yoga or a stretching routine(요가와 스트레칭하기)

DAY
042

Holder
물건을 쉽게 버리지 못하는 사람

Hold는 '붙잡고 있다'라는 동사인데, Holder라고 하면
'물건을 쉽게 버리지 못하고 쌓아 두는 사람'을 뜻하는 명사가 된다.
반대로, 필요한 것 이외의 모든 물건을 처분하고
사는 사람을 Minimalist(미니멀리스트)라고 한다.

EXPRESSIONS 10번 읽으세요

You're such a holder!

넌 물건을 쉽게 못 버리는구나!

쉬운 단어로 네이티브처럼 말하기

I'm a holder. I can't throw things away.
난 물건을 잘 못 버려.

My mom is a holder. She still has a rotary phone.
우리 엄마는 물건을 잘 못 버리셔. 아직도 유선 전화기를 갖고 계시거든.

Stop being a holder. Throw these away.
그만 좀 쌓아 둬. 이것들 다 버려.

힐러리 쌤의 절대공감 영어 표현

"You're such a holder!"(넌 물건을 쉽게 못 버리는구나!) 이삿짐을 도와주러 온 친구가 학을 떼며 내게 한 말이다. 나는 물건을 잘 못 버린다. 물건에 대한 애착이 지나쳐서 정리 정돈은 늘 해결하지 못한 숙제로 남아 있다. 큰맘 먹고 잘 쓰지 않는 물건을 버리기로 마음먹으면 왠지 '나중에 또 필요하지 않을까?' 하는 마음에 자꾸 쟁여 두게 된다.

힘들게 유학 생활하면서 마련한 교과서, 그리고 한국을 방문할 때마다 받아온 선물은 이런저런 이유로 뭐 하나 버릴 것이 없었다. 온 힘을 기울여 필기한 전공 노트와 수업 자료들을 버리려니 손이 떨렸다. 마치 내 인생의 한 부분을 도려내는 것 같은 상실감에 한숨이 나왔다. 버리기는커녕 수업 시간에 필기해 놓은 내용과 중간중간 낙서를 다시 읽어 보면서 피식 웃음이 나왔다.

과거의 생각들도 마찬가지다. 과거에 치렀던 원가는 과감하게 잊어버려야 한다는 매몰원가Sunk Cost 개념은 진리다. 하지만 그때 그간의 노력이 아까워서 혹은 자신의 실수를 인정하는 꼴이 될까 봐 과거와 끝내 단절하지 못한다.

'Less is more'라는 영어 표현이 있다. '더 적은 것이 더 많은 것이다.'라는 뜻이다. 단순화하는 작업은 단순히 부피와 무게만 줄이는 것이 아니다. 과도한 양을 축소시키는 과정에서 우리는 더 깊이 생각하고 과거로부터 이어온 마음의 습관에서 벗어난다. 무엇을 빼고 무엇을 남길지 결정하는 과정에서 자신을 신뢰하는 법을 배운다.

DAY
043

Decluttering
필요 없는 물건 정리

Clutter는 여러 가지 물건들로 질서 없이 어지럽혀져 있는 상태다.
하지만 'de-'를 넣어서 반대 의미를 만들어 주면
Declutter(물건을 정리하다)라는 동사로 바뀐다.

EXPRESSIONS 10번 읽으세요

I'm decluttering.
물건을 정리 중이야.

쉬운 단어로 네이티브처럼 말하기

I think that's enough decluttering.
이만하면 충분히 정리된 거 같아.

Decluttering my house will take a long time.
집 정리는 시간이 오래 걸릴 거야.

Declutter and simplify life.
필요 없는 것은 버리고 삶을 간소화 해봐.

힐러리 쌤의 절대공감 영어 표현

'청소하다'라는 표현은 Clean (up)이다. '거실을 청소하다'는 Clean (up) the living room이라고 한다. 전체적인 청소, 정돈을 의미하는 Clean과는 달리 Declutter는 필요 없는 물건을 골라서 처분하는 뉘앙스를 지닌다. 요즘은 Minimalist(미니멀리스트)라고 해서 최소한의 물품만 갖춰 놓고 나머지는 다 갖다 버리는 사람들도 많다.

I'm decluttering는 '난 물건 정리를 하고 있어. 쓸 것은 두고 안 쓸 것은 버리고 있어.'라는 뜻이다. 스트레스 해소에는 집 청소, 정리 정돈만 한 것이 없다. 사람은 시각적인 동물이기 때문에 물건이 여기저기 널브러져 있으면 정신적으로 안정을 취할 수 없다. 환경을 정리하면 마음도 정리된다.

정기적으로 부엌 찬장이나 냉장고를 확인하고 유통기한이 지난 제품을 버리는 것은 내가 최근에 습득한 작은 습관 중 하나다. 디지털과 비 디지털 영역에서도 같은 효력이 있다. 내 이메일의 받은 편지함과 톡 메신저에는 중요한 내용의 대화목록으로만 깔끔하게 정리되어 있다.

물건을 쉽게 버리지 못하고 '붙들고 있는 사람'을 영어로 Holder라고 한다. 물건이 많을수록 안정감을 느끼기 때문에 정리하기가 어렵다. 물건을 정리하고 치우는 것은 정작 필요할 때 충분하지 않을 것이라는 걱정을 하게 만든다. 이 희소성 사고방식은 물건을 실제로 사용하지 않더라도 계속 집착하게 만든다.

DAY
044

I like him/her
그/그녀는 참 좋은 사람이야

이성으로 좋아할 때도 like를 쓴다. 누군가를 진정성 있게 받아들일 때는
I like him/her!라고 아주 단순히 표현한다.
우리는 like를 순수하게 '좋아하다'라고 알고 있지만,
실제로는 '그 사람을 인간적으로 좋아해.'
'참 좋은 사람이야.'라는 진정성 있는 표현이다.

EXPRESSIONS 10번 읽으세요

I really like her.
그녀는 참 좋은 사람이야.

쉬운 단어로 네이티브처럼 말하기

I like her. **She's down to earth.**
그 여자는 좋은 사람이야. 인간적이기도 해.

I **really** liked them.
정말 좋으신 분들이었어요.

I **didn't** like him.
그 남자 별로던데.

힐러리 쌤의 절대공감 영어 표현

이민자의 나라인 미국에서 출신지, 학연, 지연으로 교감하며 관계를 형성해 나가겠다는 생각은 애당초 접는 것이 낫다. 출신지, 학교, 가치관과 같은 근본적인 공통점을 찾는다고 해도 잠시 반가움을 표할 뿐 곧바로 허물없는 사이로 발전하지는 않는다.

참고로, 미국인들은 "What's your blood type?"(혈액형이 뭐예요?), "What is your MBTI type?"(MBTI 결과는 뭐예요?)라는 질문에 눈이 동그래진다. 왜 묻느냐는 표정으로 한참을 쳐다볼 수도 있다. 의료제도가 민영화되어 있어 병원을 자주 못 가기 때문에 자신의 혈액형을 평생 모르고 사는 사람들도 부지기수다.

서양인들과 허물없는 사이가 되면 돈독함의 농도가 한국의 그것과는 다르다. 이들은 누군가를 진정성 있게 받아들일 때 I like him/her!라고 아주 단순히 표현한다. 내 미국인 친구는 미래의 배우자를 고를 때 "I love her."라고 말할 수 있는 여자도 좋지만, I like her!(이성으로 바라보는 감정이 배제된) '그 여자 참 사람 괜찮아.'라는 말도 동시에 할 수 있는 여자를 만나고 싶다고 했다.

영화 〈브리짓 존스의 일기〉에서 남자 주인공은 "I like you very much just as you are."(난 당신의 있는 모습 그 자체를 정말 좋아한단 말이에요.)라고 했다. like라는 동사를 썼지만 눈빛과 행동은 분명 사랑을 고백하고 있었다.

DAY 045

Cultural Literacy
문화적 문해력

Cultural Literacy는 '문화를 읽어낼 수 있는 능력'이다.
좀 더 딱딱하지만 문자적 해석을 반영한 표현으로는 '문화적 문해력'이다.

EXPRESSIONS 10번 읽으세요

Cultural literacy matters.
문화적 문해력은 중요해.

쉬운 단어로 네이티브처럼 말하기

She's culturally illiterate.
그 여자는 다른 문화를 못 받아들여.

You have high cultural literacy.
넌 다른 문화에 대한 이해도가 높구나.

Cultural literacy helped me learn English faster.
문화적 문해력 덕분에 영어를 더 빨리 배웠어.

외국인들과 소통 경험이 없었던 친구는 외모가 판이한 외국인들을 보면 놀란 기색을 하며 속삭이는 소리로 "저 사람은 왜 머리에 이상한 것을 두르고 있는 거야? 이상한 종교를 믿는 건가?"라고 나에게 묻는다. 타인을 바라볼 때 자신에게 익숙한 코리안 마인드의 축으로 바라보기 때문에 외국인의 눈에 우리 또한 꽤 특이해 보인다는 것을 인지하지 못한다. 이런 경우는 문화적 문해력이 떨어지는 경우다.

문화는 한 집단의 사람들이 살아가는 방식이다. 언어, 전통, 예술 등 많은 요소가 한꺼번에 문화 속에 녹아들어 있다. 절대적인 옳고 그름이 없기에 열린 마음으로 수용하고 객관적으로 공부해 볼 필요가 있다. 이런 류의 기술을 Cross-cultural skills(다문화 기술/적응 능력)이라고 한다.

언어와 문화 속에 녹아 들어가 있는 요소들을 잘 파악하는 사람들은 Cultural literacy가 높은 사람들이다. literacy 자체는 '읽고 쓰는 능력'이라는 단어다. 반대말은 읽고 쓰는 능력이 없는 '문맹illiteracy'이다. 단순히 문자 말고도 무형의 분위기와 풍조를 읽어내는 능력 또한 literacy라는 표현을 쓴다. 우리와는 다른 다양한 배경을 가진 사람들을 이해하고, 관계를 맺고, 상호작용하는 데 Cultural literacy는 없어선 안 되는 중요한 스킬이다. 익숙한 문화적, 사회적 규범을 벗어난 무언가를 인식하고 풀어내는 것은 어느 정도의 지적 수준과 내적 예민함이 필요하다.

DAY 046

Keeping up with the Jones's
뒤처지지 않게 소비하기

Keeping up with 자체는 '유행과 트렌드를 잘 따라가다'라는 의미다. Jones라는 성은 미국 서부 개척시대에 캘리포니아 주에 살던 백만장자로 씀씀이가 커서 이웃들의 부러움을 샀다. 몇몇 이웃들이 이 부유층의 흉내를 내려다가 파산했다는 설이 전해진다. Keeping up with the Jones's는 '자신에 분수에 맞지 않게 주위 부유층을 따라 생활하다'라는 표현이다.

EXPRESSIONS 10번 읽으세요

It's stupid to keep up with the Jones's.

남을 의식해서 소비하는 건 어리석은 거야.

쉬운 단어로 네이티브처럼 말하기

Keeping up with the Jones's costs too much.

남을 의식한 소비는 돈이 너무 많이 들어.

They're trying to keep up with the Jones's.

그 사람들은 남에게 뒤처지지 않으려 돈을 쓰더라.

Stop keeping up with the Jones's.

남에게 뒤처지지 않으려는 식의 소비를 멈춰.

힐러리 쌤의 절대공감 영어 표현

우리는 다른 사람들과의 관계망 속에 살고 있는 사회적 동물이다. 나는 누구인지, 나의 가치는 어느 정도인지 판단하기 위해 관계망 속 모든 상호작용을 통해 우리는 자신을 남들과 '비교'한다. 비교는 인간의 본능적인 면모이기 때문에 완전히 막을 수 없다. 자신의 정체성을 확립하고 관계를 구축해 나가기 위해 미묘하게 혹은 무의식적으로 일어나는 현상이니까.

실제로 영어에도 Keeping up with the Jones's(남에게 뒤처지지 않으려 애쓰다)라는 표현이 존재한다. keep up with는 '~와 수준을 비슷하게 맞춘다.'라는 뜻이다. the Jones's는 Jones네 가족을 통틀어 일컫는 말이다. 남과 비교해서 뒤처지지 않도록 노력하는 것은 정도의 차이가 있을 뿐 자연스러운 인간 마음의 작동 원리다.

비교는 어떤 면에서는 도움이 될 수도 있다. 특히 타인의 성취로부터 영감을 받으면 자신의 삶을 개선하려는 동기를 불러일으키기도 한다. 내가 다른 사람들과 어떻게 비교되는지에 대해 집착하기보다 '최고의 나'를 만들어가는 것에 집중한다.

미국인들은 어려서부터 남을 시기, 질투하지 않도록 "Love yourself!"(자신을 사랑하라)는 메시지를 강력하게 전달한다. 우선 남을 이기는 것은 좋겠지만 엄연히 적을 만드는 것이다. 다시 결과를 뒤집어엎을 위협이 된다. 적대적인 관계를 끼고 성장한다는 것은 참 껄끄러운 일이다.

DAY 047

Blame game
비난 게임, 서로 탓하기

자신의 과오를 빠르고 쿨하게 인정하지 않는 사람들은
늘 끝나지 않는 게임을 시작한다.
그것은 바로 "비난 게임(Blame game)'이다.
사건의 전천후를 보는 시야를 확보하고 Blame game에 휘말리지 않는다면
삶의 질(Quality of life)이 이전보다 훨씬 더 높아질 것이다.

EXPRESSIONS 10번 읽으세요

They're playing the blame game.
그들은 계속 서로 탓을 하고 있어.

쉬운 단어로 네이티브처럼 말하기

The blame game should end.
서로 탓하는 것을 끝내야 해.

The blame game went on and on.
서로 원망하는 것은 계속되었어.

I'm trying to avoid the blame game.
나는 서로 탓하는 걸 피하려 하고 있어.

힐러리
쌤의
절대공감
영어 표현

Blame game의 사전적 정의는 '어떤 실패 상황이나 부적절한 결과에 대해 단독 책임을 인정하지 않으려는 사람들이 서로 비난하고 책임을 전가하는 것'이다. 미워하고 원망하는 대상이 자신을 제외한 모든 주변인이다. '저 사람은 최악이야.' '저 사람은 자기밖에 몰라.' '저 사람과 만나지 않았더라면 좋았을 텐데.' 등등 여러 가지 비난에서 헤어나오지 못한다. 이렇게 타인한테서 오는 회의감에 빠진 사람은 모든 문제의 원인이 외부로부터 온 것으로 생각한다. '~ 때문에' 라는 단어를 입에 달고 산다.

모든 문제의 원인을 외부에서 찾는 습관은 결국 자신을 과거에 가둬버린다. 동시에 자기중심적 몰입은 매번 오만함과 고통을 만들어낸다. 자신만의 생각 속에 갇혀 현실의 전개를 부인하다 보니 앞으로 나아가지 못한다.

그 일이 해결되거나 혹은 저 사람이 없어지기 전까지는 '상황이 변하지 않을 거야.' 하고 삶을 정체시켜 놓은 장본인은 바로 자신이다. '남 탓'을 하다 보면 '내 탓'이 아니라는 일시적인 마음의 안도감이 있겠지만, 매번 힘든 문제 앞에서 또다시 과거의 원망으로 유턴하게 된다는 어마어마한 함정이 숨어 있다.

DAY 048

There you go!
그래, 맞아!

"There you go!"는 원어민들이 밥 먹듯이 쓰는 표현이다.
총 3가지 다른 뜻이 있다.
❶ 네 말이 맞아. ❷ 또 시작이군. ❸ 여기 있어(물건을 건네줄 때).
상대가 예상되는 행동을 했을 때 "There you go, look at this!"(그럼 그렇지, 이것 좀 봐!) 이렇게 비꼬는 식으로도 사용된다.

EXPRESSIONS 10번 읽으세요

There you go! You got it right!
그래 맞아! 네가 알아맞혔어!

쉬운 단어로 네이티브처럼 말하기

Put this here. There you go!
이걸 여기에 놔. 옳지!

Can you pass me the salt? There you go!
소금 좀 건네줄래? 여기!

There you go! You're so sharp.
그렇지! 넌 진짜 예리해.

힐러리 쌤의 절대공감 영어 표현

상대방이 옳은 말을 하거나 정답을 알아맞혔을 때 "There you go!"라고 칭찬해준다. 누군가가 어렵고 수고로운 일을 중간에 포기하지 않고 끝까지 마무리했다면 "There you go!"(잘 했어!)라고 격려해 줄 수도 있다.

흥미로운 것은 There you go!는 전혀 다른 의미들이 2가지 더 있다는 것이다.

❶ 누군가가 듣기 싫은 소리를 한다면 "There you go again!"(또 시작이군!)이라고 비아냥거릴 때 쓸 수 있다. 충분히 이해했으니 이제 그만하라고 비꼬는 의미다.

❷ 물건을 건네줄 때 "There you go!"(여기 있어요)라고 한다. "Here it is!"와 동일한 표현이다. "Here you go!"로 바꿔 써도 무방하다.

이처럼 칭찬과 비난이 동시에 가능한 표현이므로 톤 조절과 억양에 주의해야 한다. "There you go!"라는 표현은 다양한 쓰임새가 있는 만큼 꼭 연습해서 적재적소에 쓰면 아주 매끄러운 영어를 구사할 수 있다.

There you go! You got it!(옳지! 잘 해냈구나!)

There you go! See? You can do it!(옳지! 거 봐, 넌 해낼 수 있잖아!)

There you go again. Can you stop?(또 시작이네. 그만해 줄래?)

There you go. Here's your bag.(네 가방 여기 있어.)

DAY 049

Under stress
스트레스 받는 상황에 놓였다

'스트레스의 영향권 아래 있다'라는 표현은
원어민들의 대화 속에서 자주 등장한다.
Under stress라고 하면 된다.
'스트레스를 받다'는 영어로 Get stressed out라고 한다.

EXPRESSIONS 10번 읽으세요

I eat a lot when I'm under stress.
스트레스를 받으면 많이 먹어요.

쉬운 단어로 네이티브처럼 말하기

I'm under stress but I'm enjoying it.
스트레스를 받지만 즐기고 있다.

She is under stress because of her relationship issues.
그녀는 관계 문제로 힘들어해.

He's been under a lot of stress lately.
그는 최근에 스트레스를 많이 받고 있어.

힐러리 쌤의 절대공감 영어 표현

만병의 근원 스트레스에서 자유로운 현대인은 없다. 한국 사람들이 자주 사용하는 외국어 단어 중 1위가 바로 '스트레스(stress)'라고 한다. 비교적 예민한 편인 나는 스트레스에 매우 취약한 편이다.

A: What do you do when you're under stress?

(스트레스를 받으면 무엇을 하죠?)

B: I just stay home when I'm under a lot of stress.

(스트레스를 많이 받으면 그냥 집에 있어요.)

'스트레스를 받다'는 영어로 get stressed out라고 한다. 스트레스는 내가 능동적으로 추구하기보다는 주로 수동적으로 받는 것이니 'get (be)+p.p'형을 쓴다.

I get stressed out when I talk to my boss.

(직장 상사와 대화할 때 스트레스를 받아요.)

스트레스를 해소하는 것은 release stress이다. release 자체는 '놓아주다'라는 뉘앙스를 갖고 있다.

I normally go shopping to release stress.

(저는 보통 스트레스를 해소하러 쇼핑을 가요.)

Swimming helps me release stress.

(수영은 스트레스를 해소하도록 도와줘요.)

DAY 050

You may consider + ing~
~를 고려해 볼 수 있어

must, should, have to는 '~를 해야 해'처럼 강제성을 띤 표현이다. 'You may consider + ing~'는 그보다는 좀 더 부드럽게 우회적으로 제안하는 경우에 쓰이는 표현이다.

EXPRESSIONS 10번 읽으세요

You may consider getting a new job.
새 일을 알아보는 것도 고려해 볼 수 있어.

쉬운 단어로 네이티브처럼 말하기

You may consider taking this class.
이 수업을 듣는 것도 고려해 볼 만 해.

We may consider getting a new car.
우리는 새 차를 사는 것도 고려해 볼 거야.

You may consider seeing a doctor.
병원에 가보는 것도 생각해 봐.

우리는 학생 때부터 "~해야 한다"(must, have to, should)를 귀가 닳도록 배웠다. "~해야 한다."라는 강제성을 띤 표현은 상대에게 거부감을 준다. 인간은 스스로 자신을 품위 있고 도덕적으로 여기고자 하는 강한 욕구가 있다. 그래서 "~해야 해!" "~하면 안 돼!" 같은 표현을 매번 사용하면 상대가 방어적으로 돌변할 가능성이 크다. 자아의식을 위협하는 방식으로 받아들여지기 때문이다.

무언가를 지시하거나 제안하는 상황은 전체적인 의사소통에서 큰 비중을 차지한다. 영어에서도 마찬가지다. "You may consider~"(~를 고려해 볼 수도 있어)라고 하면 선택권이 듣는 사람에게 있는 것이 명확해진다. 상대에게 거부감을 주지 않고 분위기가 우호적이다.

무언가를 지시하거나 제안하는 상황에서는 "You may consider~"(~를 고려해 볼 수 있어) 또는 "One possibility is that~"(한 가지 가능성은 ~가 있지) 또는 "Have you thought about~?"(~를 생각해 본 적 있어?)와 같은 신사적인 표현이 좋다.

I'm not forcing you to do anything but,

(네게 강요하는 건 아니지만,)

Please don't feel pressured.

(압박감은 느끼지 않았으면 해.)

I'm not trying to convince you but,

(네게 설득하려는 건 아니지만,)

이렇게 대화를 시도하면 한결 더 매끄럽다.

네이티브처럼 쉬운 단어로 말하는 법 ③

완전한 문장이 아니어도 영어로 말하기 시작하라

조금 이상하게 들릴 수도 있지만, 나는 영어로 혼잣말을 하기 시작했다. 혼자 있을 때도 순간의 기분과 감정을 영어로 표현했다. 내 말을 들어줄 사람이 없으면 영어로 일기를 썼다. 새로운 언어를 배우는 가장 효율적인 방법은 가능한 한 빨리 그 언어로 말하기 시작하는 것이다. 틀린 문장, 틀린 어휘, 틀린 관사, 어색한 억양에도 아랑곳하지 않고 영어로 말해야 한다.

갓난아기가 말을 배울 때 완전한 문장을 구사하지 않는다. 영어를 잘 못한다는 핑계 뒤에 숨어버리면 영원히 숨게 된다. 언어를 배울 때만큼은 자존심 따위는 잠시 접어두는 것이 좋다.

기본을 늘 연습한다

고기 없이 구운 고기를 먹을 순 없다. 기본기가 전혀 없는 상태에서 무조건 영화와 미드부터 보는 것은 도움이 되지 않는다. 기초 문법, 쉽게 혼동되는 단어와 잘못 사용되는 영어 표현을 먼저 아는 것이 중요하다.

나는 처음 영어를 공부할 때부터 노트를 사서 아이처럼 필기하는 습관을 들였다. 신기한 표현 혹은 매번 틀리는 표현을 반복해서 쓰니 실생활에서 구사할 때 자신감이 배가 되었다. 따로 공부하고 매일 친구들과 토론했다. 원어민과 함께 궁금증을 해결함으로써 영어의 기초를 탄탄하게 다졌다. 그 후 영화와 드라마를 접해도 늦지 않았다. 오히려 순서를 바르게 함으로써 학습이 더 효율적이었다.

남들은 모르는 나만의 시간에 혹은 평범한 일상에서도 속으로는 시제와 시제 규칙을 연습했다. 그렇기에 비교적 문법적인 실수가 없었고 오히려 원어민보다 더 문법적으로 정확한 표현과 동사의 시제를 구사한 적도 있었다. 매일 몇 가지 헷갈릴 수 있는 문법을 나 자신에게 상기시키고 올바르게 쓰는 법을 연습했다.

영어는 엄연히 남의 나라 말이다. 당연히 영어를 공부하는 것은 수고스럽다. 그 '수고로움을 감내'해야 한다. 오랜 시간 감내해 내려면 그 안에 숨어있는 자신만의 유익을 빨리 알아차리고 즐길 수 있어야 한다. 작심삼일 뒤에 찾아오는 권태와 귀찮음으로 인해 마땅히 해야 할 것을 회피한다면 '영어' 이외의 다른 삶의 도전에서도 열매 맺기 어렵다. '힐링', '마음 챙김', '자기 사랑' 의 메시지가 난무하는 가운데 어쩌면 삶에서 꼭 치러야 하는 대가를 회피한 적은 없는지 객관적으로 살필 필요가 있다. 인기 강사나 소위 '핫'하다는 유행을 찾아 이리저리 떠도는 건 시간 낭비다.

DAY
051

At your earliest convenience
네가 편할 때

'빨리 처리하되 너무 무리하지 말고
네가 (가장 이른) 편한 시간에 처리해 줘.'라는
친절의 뉘앙스를 가진 표현이다.
convenience는 '편함'이라는 명사다.
주로 이메일 마지막에 자주 등장한다.

EXPRESSIONS 10번 읽으세요

Get back to me at your earliest convenience.

네가 편할 때 다시 연락 줘.

쉬운 단어로 네이티브처럼 말하기

RSVP at your earliest convenience.
편한 시간에 참석 여부를 알려 줘.

Send it to me at your earliest convenience.
편한 시간에 내게 보내 줘.

We're requesting a meeting at your earliest convenience.
시간 가능하실 때 미팅 요청합니다.

힐러리 쌤의 절대공감 영어 표현

소통할 때 '가능한 한 빨리'(as soon as possible)라는 표현을 배웠을 것이다. 줄여서 ASAP라고도 한다. 급할 때야 상관없지만 평소에 너무 자주 남발하면 상대에게 심리적 압박을 줄 수 있다. 대신에 At your earliest convenience는 '가급적 빨리'라는 뜻이기도 하지만, 문자적으로 해석하면 '당신의 가장 이른 편리한 시간에'라는 따뜻한 배려가 들어 있다. 상대가 불쾌하지 않도록 부드럽게 요청하거나 재촉할 때 사용한다.

이메일에 유용한 영어 문장

My name is Young-min Lee and we met last week at the conference. (지난 회의에서 뵈었던 이영민입니다.)

Thank you for your reply. (회신 감사합니다.)

Thank you very much for your time. (시간을 내주셔서 감사합니다.)

I would appreciate if you could let me know when you are available. (편한 시간을 알려주시면 감사하겠습니다.)

I look forward to hearing from you. (회신 기다리겠습니다.)

Please feel free to ask me any questions.
(질문은 언제든 문의 바랍니다.)

DAY
052

You know better than that
알면서 왜 그러니

You know better than that은 직역하면
'그것(방금 한 행동)보다 더 잘 알잖니!'이다.
상대를 향한 실망을 살짝 드러내는 표현이다.
상대를 대놓고 비난하기보다 '그것보다 훨씬 잘 알잖니.'라고
완곡하게 실망을 표현한다.

EXPRESSIONS 10번 읽으세요

You know better than that. Right?

그것(잘못된 행동)보다 더 잘 알고 있잖니. 그렇지?

쉬운 단어로 네이티브처럼 말하기

Stop it. You know better than that.

그만해. 알면서 왜 그래.

You know better than that. Don't do it again.

알면서 왜 그래. 다시는 그러지 마.

Don't be rude. You know better than that.

무례하게 굴지 마. 알면서 왜 그러니.

힐러리 쌤의 절대공감 영어 표현

상대가 해서는 안 되는 실수를 했을 때 종종 실망감을 표현하기도 한다. 하지만 "겨우 그 정도야?", "그것밖에 못 해?", "실망이다."라고 직접적인 표현을 사용하면 행동을 고치기는커녕 상대에게 상처가 될 수 있다. 그래서 "그것보다는 잘 알고 있잖니."라고 부드럽게 말한다.

You should know better than that과 같이 should를 넣어서 약간의 강제성을 줄 수도 있다. 교실에서 아이들을 괴롭히는 학생을 보고 선생님이 "You know better than that!"이라고 훈계하는 장면을 떠올리면 이해가 빠를 것이다.

I don't think you should take off your mask here.

(여기서 마스크를 벗으면 안 될 거 같아.)

Please don't touch this. (이건 손대면 안 돼.)

OK, we can do it that way. But just a word of warning: It will be much more difficult.

(그래, 그렇게 해도 돼. 하지만 사전에 경고할게. 그게 더 어려울 거야.)

이렇게 다양한 경고 또는 훈계의 표현들이 있다.

DAY 053

Fool-proof
실패할 염려 없는

명사 + proof를 쓰면 '~를 막아주는'이라는 뜻이 된다.
Fool-proof는 '바보를 막아주는' 즉, '실패할 수 없는'의 뜻이다.
'누구라도 다 할 수 있는'의 뜻을 가진다.

EXPRESSIONS 10번 읽으세요

It's really easy. It's fool-proof.
그건 정말 쉬워. 아무나 다 할 수 있어.

쉬운 단어로 네이티브처럼 말하기

This new recipe is fool-proof.
이 레시피는 누구든지 만들 수 있어.

It's not a hundred percent fool-proof.
그건 100퍼센트 누구나 다 할 수 있는 게 아냐.

I like this fool-proof system.
난 이 쉬운 시스템이 마음에 들어.

힐러리 쌤의 절대공감 영어 표현

명사 + proof를 쓰면 '~를 막아주는'이라는 뜻이 된다. 예를 들면, Bullet-proof(방탄의), Sound-proof(방음이 되는), Water-proof(방수가 되는) 등이 있다.

Fool-proof는 '바보를 막아주는' 즉 '아주 간단하고 쉬워서 잘못되기가 불가능한'의 뜻을 가진다. '바보 되는 것을 막아줄 만큼 쉽고 간단하다.'는 재미있는 표현이다.

제품을 초기에 설계할 때도 잘못될 가능성을 사전에 차단하는 설계를 Fool-proof 또는 Idiot-proof라고 한다. 말 그대로 '바보 방지 설계'인 것이다. 일반 소프트웨어뿐 아니라 적용 대상이 다양해지고 있다.

'정말 쉽다'라는 의미의 영어 표현을 익혀 두자.

It's really easy. (정말 쉬워.)

Easy-peasy. (진짜 쉬워.)

Anyone can do it. (누구나 할 수 있어.)

It's just nothing. (정말 아무것도 아냐.)

It's a piece of cake. (식은 죽 먹기야.)

DAY 054

Let me get through
지나갈게요

좁은 공간에서 행인과 직접적인 신체 접촉이 있거나
약간의 거리를 두고 지나갈 때가 있다.
Let me get through는 상대에게 양해를 구할 때 쓰는 표현이다.
Excuse me(실례합니다)와 함께 쓴다.

EXPRESSIONS 10번 읽으세요

Excuse me. Let me get through.
실례합니다. 지나갈게요.

쉬운 단어로 네이티브처럼 말하기

I'm sorry. Let me get through.
미안해요. 좀 지나갈게요.

Let me get through if you don't mind.
괜찮다면 좀 지나갈게요.

Let me get through, please. Thank you.
지나가겠습니다. 감사합니다.

동양권에서는 굳이 "실례합니다"를 매번 쓰지 않는다. 하지만 영미권에서는 직접적인 신체 접촉이 굳이 없더라도 Excuse me(실례합니다), I'm sorry(미안해요)를 꼭 사용한다. 누군가가 길을 막고 있으면 Let me get through라고 양해를 구하면서 지나가야 한다.

서구권에서는 자신만의 심리적 공간을 확보하는 것을 매우 중요하게 생각한다. 침범할 시 매우 심한 불편함을 느끼므로 조심해야 한다. 동양권에서는 공공장소나 대중교통에서 서로 밀고 지나가는 것이 어느 정도 납득할 수 있는 무언의 질서다. 하지만 서양에서는 각별히 주의를 기울여야 한다.

기본적인 공공질서를 보면 나라의 수준을 가늠할 수 있다. 아무리 나라의 격을 내세워도 무질서한 질서를 첫인상으로 느낀다면 쉽게 바뀌지 않는다. 지나갈 때 양해를 구하는 것 이외에도 곧바로 뒤에 오는 사람 위해 문을 잡아 주는 것도 서구권의 에티켓이다. 이와 같이 남을 배려하는 매너의 표현 중 가장 많이 쓰이는 것 중 하나는 After you이다.

After you. (먼저 해.)

Thanks. (고마워.)

다른 매너의 표현도 알아두자.

Please go ahead. (먼저 해도 돼.)

Oh, thanks a lot. (정말 고마워.)

DAY
055

If I were in your shoes
내가 네 입장이라면

상대에게 조언하거나 의견을 공유할 때 자주 쓰이는 표현이다.
그대로 직역하면 '내가 네 신발을 신어본다면'이다.
상대의 신발 속에서는 그 사람만의 온기를 느낄 수 있다.
상대가 처한 상황에 자신을 대입시켜 본다는 뜻이다.

EXPRESSIONS 10번 읽으세요

If I were in your shoes, I'd say 'Yes'.
내가 네 입장이라면 허락할 거 같아.

쉬운 단어로 네이티브처럼 말하기

If I were in your shoes, I'd try it.
내가 네 입장이라면 한번 시도해 볼 거야.

If I were in your shoes, I'd forgive her.
내가 네 입장이라면 그녀를 용서할 거야.

If I were in your shoes, I'd say sorry first.
내가 네 입장이면 먼저 사과할 거 같아.

힐러리 쌤의 절대공감 영어 표현

If I were you, I'd ask her out.

(내가 너라면 그녀에게 데이트 신청을 할 거 같아.)

If I were in your situation, I'd call him.

(내가 네 상황이라면 그에게 전화할 거 같아.)

It I were in your position, I'd ignore it.

(내가 네 입장이라면 무시할 거 같아.)

서로 다른 정황 속에 살다 보면 상대방의 사정이나 입장을 헤아리기가 어렵다. 위의 표현들은 상대를 이해하려는 배려가 묻어난다. 상대의 사정을 잘 이해하고 공감 능력을 발휘한다.

"난 ~할 거 같아."에 뒤따르는 표현은 I'd call이나 I'd ignore처럼 I'd(I would) 동사를 쓴다.

If I were you, I wouldn't get involved.

(나 같으면 안 엮일 거 같아.)

If I were you, I'd tell her the truth.

(나 같으면 그녀에게 솔직히 이야기할 거 같아.)

If I were in your shoes, I'd feel the same.

(내가 네 입장이더라도 똑같은 느낌일 거야.)

DAY 056

People person
사교적인 사람

사람 사귀는 것을 좋아하는 사교적인 사람을
a people person이라고 한다.
a sociable person(사교적인 사람)이라고 해도 좋다.

EXPRESSIONS 10번 읽으세요

I'm a people person.
난 사람을 좋아해.

쉬운 단어로 네이티브처럼 말하기

I'm not a people person.
난 사교적이지 않아.

My mom is a people person.
우리 엄마는 사교적이셔.

I don't think he's a people person.
그는 사교적이지 않을 거 같아.

힐러리 쌤의 절대공감 영어 표현

사교성이 있는 사람을 'a people person'이라고 한다. 즉 사람들과 어울리기를 좋아하는 사람이다. '명사 + person'은 앞에 언급된 '(명사)를 선호하는 사람'으로 쓰인다.

I'm a dog person. (난 강아지를 진짜 좋아해.)

I'm a cat person. (난 고양이를 정말 좋아해.)

I'm a morning person. (난 아침형 인간이야.)

I'm a coffee person. (난 커피를 좋아해.)

영어에는 외향적인 성격의 소유자들을 묘사하는 표현들이 많다.

I'm a good communicator. (난 소통을 잘 해.)

I'm outgoing. (난 외향적이야.)

I'm talkative. (난 말을 많이 해.)

I'm open-minded. (난 열린 사고를 해.)

I'm very passionate. (난 정말 열정적이야.)

I have a good sense of humor. (난 유머 감각이 있어.)

I'm cheerful. (난 발랄해.)

I'm active. (난 활발해.)

I'm confident. (난 자신감 있어.)

I'm energetic. (난 에너지가 넘쳐.)

DAY 057

Cherry on top
금상첨화, 멋지게 마무리하다

Cherry on top은 '이미 좋은 상태에서 또 좋은 것이 더해진다.'는 뜻이다.
아이스크림이나 케이크에 마무리 장식으로 체리가 올려진 것을 연상하면 좋다.

EXPRESSIONS 10번 읽으세요

That's a cherry on top!
그거 금상첨화네!

쉬운 단어로 네이티브처럼 말하기

If I get a promotion, that'd be a cherry on top.
내가 승진한다면 더더욱 좋겠지.

I did it perfectly. It was a cherry on top.
난 완벽히 해냈어. 진짜 좋았어.

It'd be a cherry on top. I can't wait.
완전 좋을 거야. 완전 기대가 돼.

힐러리 쌤의 절대공감 영어 표현

선디(sundae) 아이스크림에 탐스러운 체리 하나가 올라가 있다. 윤기가 흐르는 빨간 체리는 음식의 장식으로 더욱 먹음직스러워 보이게 해준다. 이와 같이 Cherry on top은 어떤 일 혹은 사건의 '근사한 마무리', '화룡점정'의 뜻으로 쓰인다.

Watching the game together would be a cherry on top.

(경기를 같이 본다면 더할 나위 없겠어.)

Going shopping was a cherry on top.

(쇼핑도 했어. 완전 좋았어.)

Let's get a new one. It'd be a cherry on top.

(새것으로 사자. 완전 좋을 거야.)

상대의 제안이나 의견에 대해 "완전 좋아!"라고 반응할 때는,

Great!

Awesome!

Fantastic!

That sounds perfect!

I'd love it!

라고 할 수 있다.

DAY 058

Burn bridge
돌이킬 수 없는 다리를 건너다, 단절시키다

Burn bridge는 말 그대로 '(건너온) 다리를 태우다.'라는 의미로, '관계를 망치다', '돌이킬 수 없게 되다'라는 표현이다.

EXPRESSIONS 10번 읽으세요

Don't burn all the bridges.
상황을 돌이킬 수 없게 만들지 마.

쉬운 단어로 네이티브처럼 말하기

She's burned all her bridges.
그녀는 관계를 다 정리했어.

I regretted after burning the bridge.
그 관계를 정리하고는 후회했어.

I don't want to burn bridges.
단절시키고 싶진 않아.

힐러리 쌤의 절대공감 영어 표현

원래 건너온 다리를 태우는 것은 군사 작전에서 많이 쓰이던 방식이다. 그와는 다른 의미로 일상에서 누군가와 극단적인 방식과 부정적 감정으로 끝을 낼 때 Burn bridge라는 표현을 사용한다.

살다 보면 감정에 치우쳐 다신 안 볼 것처럼 인간관계를 끝내는 경우가 있다. Burn bridge라는 표현에는 어떤 방식으로도 '상대를 단절하거나 돌이킬 수 없는 상처를 주지 마라.'는 지혜가 묻어 있다.

어떤 의사결정을 내릴 때 "Don't burn the bridge."라고 종종 조언한다. 무슨 일이 생길지, 언제 어디서 누구를 다시 만나게 될지 알 수 없기 때문이다. 특히 직장을 그만둘 때 탈 없이 좋게 끝내는 상황에도 자주 쓰인다. 다른 직장을 얻게 되면 회사 측에서 이전 직장에 레퍼런스 체크(평판 조회)를 한다. 특정 사람에 대해 이것저것 물으면 회사 차원에서는 객관적인 정보를 줄 수밖에 없다.

'~와 연락을 하고 지내다.'는 영어로 'Keep(stay) in touch with~'이다.

I keep in touch with my old friends. (난 오랜 친구들과 연락하며 지내.)

Let's keep in touch with each other. (우리 계속 연락하자.)

I still keep in touch with them. (난 아직 그 사람들과 연락하고 지내.)

Anyway, we'll stay in touch. (어쨌든, 우리는 계속 연락하고 지내야지.)

DAY 059

Talk is cheap
말은 쉽지

Talk is cheap은 직역하면 '말은 값싸다.'라는 표현이다.
그만큼 대가 지불이 없기 때문에
'말만 하는 것은 의미가 없다.'라는 뜻이 된다.
상대의 장황한 말 이후에 진정성 있는 행동이 뒷받침되지 않을 때 쓰인다.

EXPRESSIONS 10번 읽으세요

Talk is cheap. I need the result.
말은 쉽지. 난 결과가 필요해.

쉬운 단어로 네이티브처럼 말하기

Talk is cheap. Just do it.
말만 하지 말고 한번 해봐.

Talk is cheap. I don't trust anyone.
말이야 쉽지. 난 아무도 안 믿어.

Talk is cheap. Do something about it.
말만 하지 말고 그것에 대한 뭔가를 해봐.

힐러리
쌤의
절대공감
영어 표현

말만 장황하게 하고 행동이 따라주지 않는 경우가 많다. 그럴 때 Talk is cheap(말하는 것은 쉽다)라는 표현을 쓴다. 같은 표현으로는 다음과 같은 것들이 있다.

It's easier said than done. (행동보다 말이 더 쉽다.)

You're all talk. No action. (넌 말만 하고 행동은 없구나.)

Actions speak louder than words. (행동이 말보다 훨씬 크게 말한다.)

때로 말만 장황한 이유는 무의식적으로 내면의 욕망과 본성이 그대로 대화 속에 반영되기 때문이다. 자신의 감정을 제어하지 못하고 이성보다 본능에 충실할수록 제어하기 어렵다. 자신이 신뢰할 수 있는 이미지를 얻는다고 생각하지만, 듣는 입장에서는 반대로 생각하기 마련이다. 현실을 왜곡하려는 심리가 상대에게 읽힌다.

상대가 말뿐인지 의심스러울 땐, 이렇게 질문할 수 있다.

Do you really mean it?(진심이야?)

Prove your words. (네 말을 입증해 봐.)

Why don't you do it instead of talking?

(말만 하는 대신 직접 하지 그래?)

What are you going to do about it?

((그것에 대해) 어떻게 할 거야?)

DAY 060

Have the guts to~
~할 용기가 있다

Guts는 사전적 의미로는 '내장'이라는 뜻이지만,
무언가를 해낼 수 있는 '용기', '자신감'을 의미한다.
우리말에서도 '간이 크다.'라는 표현을 쓰듯이'대범하다'라는 의미다.

EXPRESSIONS 10번 읽으세요

I don't have guts to tell the truth.
진실을 말할 용기가 없어.

쉬운 단어로 네이티브처럼 말하기

I don't think they have the guts.
그들은 배짱이 없는 거 같아

He had guts to ask her out.
그녀에게 데이트 신청할 배짱이 있었어.

I had guts to ignore them.
그들을 무시할 배짱이 있었어.

힐러리 쌤의 절대공감 영어 표현

'Have the guts to + 동사'는 ~를 해낼 수 있는 '용기', '자신감'을 의미한다.

You don't have the guts to do so. (넌 그렇게 할 용기가 없어.)

They may not have the guts. (그들은 자신감이 없나 봐.)

I had guts to ask personal questions.

(개인적인 질문을 할 배짱이 있었어.)

고대에는 인간의 직관과 통찰을 담당하는 신체 부위가 심장이 아닌 '장'이었다. 식겁을 할 때 묵직한 기운이 뱃속에 위산을 퍼뜨리는 경험은 누구나 있을 것이다. 이런 직관적인 통찰을 Gut feeling이라고 한다.

"What does your gut tell you?"라고 물으면 '네 느낌은 어떠니?' '촉이 어때?'라고 객관적인 의견보다는 직감적인 의견을 묻는 표현이다.

I had a gut feeling that he was lying.

(그 남자가 거짓말하고 있다는 것을 직감했어.)

I have a gut feeling that this one is perfect.

(내 직감으로는 이것이 완벽한 거 같아.)

Go with your gut feeling.

(네 마음이 시키는 대로 해.)

미안하다(Sorry)

"지는 것이 이기는 것이다(To lose is to win)."라는 말을 자주 듣는다. 이 말은 패배자가 자기 위안으로 삼는 말이 아니다. 똥이 무서워서 피하는 게 아니라 더러워서 피한다는 식의 비하의 표현도 아니다. 정확히 말하면, 지는 게 아니라 져 주는 것이다. 져 주는 것은 아주 잠시 내가 녹아 없어지는 예술이다. 동시에 모든 관계의 만병통치약이기도 하다.

'큰 사람이 져 주는 모습은 굴욕적이지 않다. 아름답다.'(It's not humiliating. Rather, it's beautiful.)

영미권에서는 'Sorry'라는 말을 흔하게 쓴다. 길을 걷다 부딪히지 않았는데도 부딪힐 뻔했다고 "Sorry!", 상대방의 말과 오디오가 잠시 겹쳤다고 "Sorry!", 방금 한 말을 잘못 들어서 다시 한번 이야기해 달라고 할 때도 "Sorry?"라고 한다. 동양권에서는 대수롭지 않게 지나갈 일에도 항상 "Sorry!"라고 한다.

그들은 '미안하다'라고 사과하는 것은 약함에서 나오는 행위가 아님을 알고 있다. 자신의 실수가 다른 사람에게 어떤 영향을 미쳤는지 인정하는 것 자체가 강함의 상징인 것을 모두가 인정하는 분위기다. 나는 마땅히 매너를 발휘해야 할 순간에 자존심 따위에 연연하지 않는 그들이 놀랍고 진정으로 존경스럽다.

네이티브가 자주 쓰는 영어를 해석해 보세요

This is my daily ritual.

You're such a holder!

I'm decluttering.

I really like her.

Cultural literacy matters.

It's stupid to keep up with the Jones's.

They're playing the blame game.

There you go! You got it right!

I eat a lot when I'm under stress.

You may consider getting a new job.

한글 해석은 뒷 페이지에→

네이티브가
자주 하는
말을 영어로
해보세요

이건 내가 매일 하는 의식행위야.

넌 물건을 쉽게 못 버리는구나!

물건을 정리 중이야.

그녀는 참 좋은 사람이야.

문화적 문해력은 중요해.

남을 의식해서 소비하는 건 어리석은 거야.

그들은 계속 서로 탓을 하고 있어.

그래 맞아! 네가 알아맞혔어!

스트레스를 받으면 많이 먹어요.

새 일을 알아보는 것도 고려해 볼 수 있어.

← 영어 표현은 앞 페이지에

네이티브가
자주 쓰는
영어를
해석해 보세요

Get back to me at your earliest convenience.

Stop it. You know better than that.

It's really easy. It's fool-proof.

Excuse me. Let me get through.

If I were in your shoes, I'd say 'Yes'.

I'm a people person.

It'd be a cherry on top. I can't wait.

Don't burn all the bridges.

Talk is cheap. I need the result.

I don't have guts to tell the truth.

한글 해석은 뒷 페이지에 →

네이티브가 자주 하는 말을 영어로 해보세요

네가 편할 때 다시 연락 줘.

그만해. 알면서 왜 그래.

그건 정말 쉬워. 아무나 다 할 수 있어.

실례합니다. 지나갈게요.

내가 네 입장이라면 허락할 거 같아.

난 사람을 좋아해.

완전 좋을 거야. 완전 기대가 돼.

상황을 돌이킬 수 없게 만들지 마.

말은 쉽지. 난 결과가 필요해.

진실을 말할 용기가 없어.

← 영어 표현은 앞 페이지에

Chapter 04

DAY 061 ~~~~~~~~~ DAY 080

DAY
061

Against all odds
모든 역경을 극복하고

Against all odds는 '가능성이 낮은데도 불구하고 해냈다.'라는 뜻이다.
Odd 자체는 strange(이상한)이라는 형용사이다.
He's so odd(그 남자 이상해)라고 할 수 있다.
Odd는 동시에 '확률'이라는 명사다.
"What are the odds?"라고 하면 '확률이 얼마나 될까?'라는 표현이다.

EXPRESSIONS 10번 읽으세요

You made it against all odds.
넌 모든 역경을 극복하고 해냈어.

쉬운 단어로 네이티브처럼 말하기

Against all odds, I survived.
모든 역경에도 불구하고 난 살아남았어.

Against all odds, I finished college.
모든 역경에도 불구하고 대학교를 나왔어.

Here I am against all odds.
모든 어려움에도 불구하고 난 여기 있어.

힐러리 쌤의 절대공감 영어 표현

Odd는 형용사로 '이상한'이란 뜻이다. Odds는 '확률'이라는 명사다. Against all odds는 '모든 역경을 극복하고'라는 표현이다.

Despite everything(모든 (어려운) 상황에도 불구하고), Despite resistance(저항을 극복하고), Overcome the odds(어려움을 이겨내다), Defy the odds(어려움을(~의 횡포를) 부인하다)처럼 사용할 수 있다.

어려움에 저항해서 현실을 이어나가는 것은 쉬운 일이 아니다. 어려움을 여러 번 겪고도 잘 이겨내고 있는 내게 미국인 친구들이 이렇게 격려해줬던 기억이 있다.

"I'm so proud of you."(난 네가 자랑스러워.)
"You are my hero!"(넌 내 영웅이야!)
"You've been fighting against all odds."
(계속 어려움을 이기고 살아왔잖아.)

역경을 벗어나기 위해서는 더 큰 상위 가치의 꿈이 있어야만 한다. 시야를 위로 확보하지 못하면 현실의 역경을 이겨내지 못한다. 어려움을 하나씩 극복해 나가다 보면 실제로 내면의 자존감과 신뢰가 실제 능력보다 낮을 뿐이라는 것을 알게 된다.

DAY 062

Hats off to~
진심으로 존경해요

Hats off to~는 누군가를 공개적으로 칭찬하고 존경심을 드러낼 때 쓰이는 표현이다.
적극적으로 칭찬하거나 경의를 표할 때 쓴다.
'~에게 모자를 벗고 깍듯이 예의를 표하다'라는 뉘앙스이다.
'~에게 공로를 돌린다.'라고 이해해도 좋다.

EXPRESSIONS 10번 읽으세요

Hats off to them.
정말 대단한 분들이에요.

쉬운 단어로 네이티브처럼 말하기

Hats off to you for doing this.
이걸 해내다니 넌 정말 대단해.

Hats off to you. You did an amazing job.
경의를 표해요. 정말 잘하셨어요.

Hats off to your team.
너희 팀은 진짜 대단해.

힐러리 쌤의 절대공감 영어 표현

영화에서 주인공은 윗사람을 대할 때 혹은 중요한 행사에서 모자를 살짝 벗어 상대에게 미소지으며 인사한다. 상대에 대한 '존경심'을 표하는 제스처다.

Hats off to~는 큰일을 이룬 상대에게 '찬사를 보내다', '경의를 표하다'라는 표현이다. 모자를 벗다(Take off one's hat)를 그대로 가져다 쓰기도 한다.

"I take off my hat to him. What an excellent job!"

(그에게 찬사를 보내는 바입니다. 정말 멋진 일을 해냈어요!)

"I take off my hat to you. You are my hero!"

(경의를 표해요. 제 영웅이세요!)

한국 정서로는 타인에게 칭찬을 듣고 "아니에요!"라고 부정하는 것이 미덕이다. 칭찬하는 사람의 면전에서 "맞아요"라고 인정하거나 "고맙다"라고 해버리면 철없는 팔불출처럼 보이기 때문일까. 하지만 영어로 부정적인 칭찬 거부의 화법을 구사하면 상대는 이상하게 생각한다. 은근한 거절감을 느낄 수도 있다. 이럴 땐 "Thank you!" 한마디로 족하다.

미국인들은 원래 칭찬을 잘하는 '프로 칭찬러'들이다. 그러니 Thank you 자체도 칭찬의 내용을 수긍하기보다 칭찬하는 사람의 마음 씀씀이를 예쁘게 봐주는 표현일 뿐이다. 너무 유난 떨지 말고 누군가 칭찬하면 "고맙다"하고 받아들이자.

"It's nice of you saying that."(그렇게 말해 주다니 고맙네요.)

DAY
063

Go back on one's word
말을 번복하다

Go back(~로 되돌아가다) on(~대해) word(말, 약속)을 다 합해보면
'했던 말을 번복하다'라는 뜻이 된다.
'한 입으로 두말하다'라는 뜻이다.
거짓말을 밥 먹듯이 하는 사람에게 사용하는 표현이다.
Go back on one's promise는 '약속을 안 지키다'라는 뜻이다.

EXPRESSIONS 10번 읽으세요

I never go back on my word.
내가 한 말은 반드시 지켜.

쉬운 단어로 네이티브처럼 말하기

Why do you go back on your word?
왜 말을 번복하니?

They went back on their word again.
그 사람들은 또 말을 번복했어.

I can't trust you. You go back on your word.
널 신뢰할 수 없어. 넌 말을 번복해.

영어를 모국어로 쓰는 사람들은 누군가의 퍼포먼스(performance)보다 '정직성(integrity)'을 최고 가치로 두는 경향이 있다. 거짓 약속을 하고 지키지 않는 경향이 있는 사람들은 사회생활을 해나가기 어렵다. Stick to (keep) one's word(말을 그대로 지키는) 사람이 환영받는다.

자주 말을 번복하는 데는 나름의 심리적인 이유가 있다. 자신의 자존감(Self-esteem)이 위협받는다고 느낄 때마다 거짓말을 한다. 자신의 우월감을 증명받고 싶거나 갈등과 비난을 피해가기 위해 말을 번복한다. 현재 자신의 모습이 이상 속에 있는 자신의 모습과 차이가 나지 않도록 괴리감을 줄여주기 위해 여러 가지 말을 뱉는다. 내면이 약하고 자존감이 낮은 사람들이 보이는 무의식적인 습관이다.

또 인간의 뇌는 과거에 일어난 상황을 실제 사실과는 달리 믿고 싶은 대로 편집하는 기능이 있다. 이 생각의 오류를 우리는 흔히 '착각'이라고 부른다. 인식 속에 '원하는 대로' 내용이 교차 편집된다.

반대로 '정직하고 믿을 만한 사람'을 a trustworthy person이라고 한다.

"그는 믿을 만한 사람이야."는 다음과 같이 표현하면 된다.

He is a trustworthy person.

He's a stand-up guy.

He's a reliable person.

Greek to me
난 전혀 모르겠어

직역하면 '나에게 그리스어다'라는 표현이다.
즉, '전혀 모르겠다'라는 표현이다.
한국어가 중국어 한자에서 파생된 비율이 큰 것처럼,
영어 또한 그리스어에 근간을 둔 단어와 표현들이 많다.
그래서 '익숙하지 않은 것', '이해할 수 없는 것'이라는 뉘앙스를 가진다.

EXPRESSIONS 10번 읽으세요

It's all Greek to me.
뭐가 뭔지 하나도 모르겠어.

쉬운 단어로 네이티브처럼 말하기

It sounded Greek to me.
하나도 못 알아들었어.

It's all Greek to me. I need to study more.
하나도 모르겠어. 좀 더 공부해야겠어.

It was all Greek to me. I didn't get it.
하나도 모르겠더라. 이해가 안 됐어.

힐러리 쌤의 절대공감 영어 표현

Greek to me는 윌리엄 셰익스피어가 〈줄리어스 시저〉에서 처음 사용했다. 극 중의 '카스카'라는 인물은 키케로의 연설이 기대했던 라틴어가 아닌 그리스어로 진행되자 하나도 알아듣지 못해 실망한 채로 "It was all Greek to me."라고 말한다.

Greek to me는 상대의 낯선 언어나 말투, 대화 내용을 이해할 수 없을 때 쓰는 표현이다. 영어를 모국어로 사용하는 원어민이 평소에 사용하지 않는 그리스어를 접할 때의 난해함을 떠올리면 되겠다.

동일한 표현으로는 다음의 문장들이 있다.

I don't get it. (이해 못 하겠어.)

I'm clueless. (단서를 찾을 수도 없어.)

It's over my head. (내 이해력(머리) 이상의 문제야.)

I'm lost. (무슨 말인지 모르겠어.)

I have no idea. (아무 생각도 안 나.)

반대 의미의 표현으로는 다음의 문장들이 있다.

I totally get it. (완전 이해돼.)

Now I understand. (이제 이해돼.)

I get the picture. (눈앞에 그려져.)

I got it. (이해했어.)

I see what you mean. (네 말이 무슨 뜻인지 알겠어.)

DAY 065

Don't be biased
편견을 갖지 마

자신의 생각이 늘 옳다는 시점에서
사물/사건을 바라보는 인간의 편견을 bias라고 한다.
형용사형으로 '인지 편향이 있는', '선입견을 가진'의 뜻을 가진
biased라고 표현한다.

EXPRESSIONS 10번 읽으세요

They're politically biased.
그들은 정치적으로 편향되어 있어.

쉬운 단어로 네이티브처럼 말하기

The report is biased.
그 보고서는 편향되어 있어.

You're biased.
넌 편견을 갖고 있어.

I may sound biased saying this.
이 말을 하면 편향적으로 들릴 수 있겠어.

인간의 암묵적인 인지 편향은 인간이 꼭 악하고 잘못되어서가 아니다. 인간의 뇌는 원래 일련의 패턴과 연관성을 찾고 자신이 원하는 의미를 부여하려는 경향이 있다. 자연스러운 현상이니 자신의 인지 편향성을 객관적으로 인지하려는 노력이 중요하다.

어떤 일을 대할 때 기존의 습관과 감정의 관성을 타고 바라보고 있는 것은 아닌지 확인해 볼 수 있다.

"Am I biased?"(내가 치우쳐 있나?)

이렇게 자신에게 질문할 수 있다.

원래 인간은 중립적인 존재가 아니다. 사람은 누구나 일정한 편향에 빠져 살아간다. 그래서 타인이나 어떤 사안을 대할 때 모두가 편향에 빠져 있을 수 있다는 점을 명심해야 한다. 그래서 편향에 빠지지 않으려는 노력을 많이 기울일수록 좋다.

대부분의 사람들은 '난 성실해.' '내게 안 좋은 성향은 없어.' 등 우월성 혹은 자기 배려 편향이 있다. 주로 개인적인 경험, 성장 과정, 주변 문화와 교육 시스템에 의해서 편견과 고정관념 또한 형성된다.

이런 편견을 극복하는 방법은 여러 가지가 있다. 의도적으로 새로운 경험을 하고 자신이 평소에 어떤 편견을 가졌는지 객관적으로 성찰하는 노력을 할 수 있다.

DAY 066

Sleep on it
천천히 생각해 봐, 심사숙고하다

성급히 결정하지 않고 '한숨 잘 수 있을 정도로
여유있게 생각하는 것'을 상상해 보면 이해가 쉽다.
즉 '잘 생각해보다.' '신중하게 생각한 후 결정을 내리다.'라는 뜻이다.

EXPRESSIONS 10번 읽으세요

Let me sleep on it.
천천히 생각해볼게.

쉬운 단어로 네이티브처럼 말하기

Sleep on it first.
먼저 신중하게 생각해 봐.

Can I sleep on it?
천천히 생각해 봐도 돼?

Why don't you sleep on it?
심사숙고해 보는 건 어때?

쫓기듯 성급하게 내린 결정은 대개 실수로 이어진다. 침착하게 각각의 장점과 단점을 따져봐야 하지만, 좋은 기회를 놓칠 것 같은 두려움 때문에 결국 성급한 결정을 하게 된다. 이것을 FOMO라고 한다. 풀어쓰면 Fear of Missing Out(놓칠까 봐 두려워함)이다. 결정이 완벽해야만 한다는 압박감 때문에 미루게 된다.

놓치는 것에 대한 두려움은 어느 정도 과장된 내면의 거짓말이다. 또 다른 기회가 있다는 것을 알고 평정심을 찾을 때 오히려 더 올바른 선택을 할 수가 있다. 그래서 서두르는 대신 Sleep on it 하라고 한다. 쫓기지 않고 오히려 반대로 잠을 청하며 침착하게 생각하는 것이다.

중요한 결정을 서둘러서 하면 문제의 본질을 놓친다. 시야가 좁아지기 때문이다. 그 결과 실제적인 요소들을 간과한다. 이성보다 감정에 지배당하기 때문이다.

우리나라도 마찬가지지만 영미권도 중요한 결정을 내려야 할 때 가족, 멘토 등 신뢰할 수 있는 Rapport(라포: 신뢰와 친근감을 바탕으로 맺어진 관계)가 형성된 사람들과 상의하는 문화가 만연되어 있다.

DAY 067

Anger management
분노 조절

Manage는 '경영하다', '관리하다'라는 의미다.
Management는 '경영', '관리'라는 명사다.
감정의 일부인 분노를 관리하고 조절하는 능력을
Anger management라고 한다.

EXPRESSIONS 10번 읽으세요

He has anger management issues.
그는 분노 조절 장애가 있어.

쉬운 단어로 네이티브처럼 말하기

I recommend anger management therapy.
분노 조절 테라피를 추천해.

It learned anger management skills.
분노를 조절하는 방법을 배웠어.

I had an anger management problem.
난 분노를 조절하는 데 문제가 있었어.

〈Anger management〉라는 영화가 개봉되기도 했다. 한국어 제목은 '성질 죽이기'였다. 분노를 표출하는 빈도가 높을 때 '~ have anger management issues'(분노 조절 장애가 있다)라고 한다. 여기서 issue는 problem(문제)라는 의미로 쓰인다.

전반적인 자신의 감정을 관리하는 Anger management라는 학문이 따로 있다. 특히 부정적인 감정인 화, 분노를 관리하고 조절해 나가는 것은 정말 중요하다. 분노 자체는 잘못된 것이 아니다. 분노는 일상생활에서 오는 다양한 감정들 중 일부이다. 때로는 진실로부터 자신을 방어하기 위해 분노를 수단으로 채택하는 경우도 있다.

영미권에서는 자신의 감정을 다소 풍부하게 표현한다. 하지만 분노를 조절하지 못하는 경우 분노가 삶에 영향을 미치지 못하도록 미리 상담하거나 정신과 치료를 받는다. 상담과 치료를 받는 자체를 남에게 숨기거나 수치스럽게 생각하지 않고 당연하게 여기는 문화가 형성되어 있다.

I saw my counselor the other day.(며칠 전에 상담받았어.)라고 솔직히 표현한다. 아무도 색안경을 끼고 판단하려 들지 않는다.

DAY 068

Feel attached
애착을 갖다

Attach는 '붙이다', '접착하다'라는 의미다.
사람의 마음이 특정한 것에 접착이 되면 '애착'을 갖게 된다.
주로 'feel attached to~'(~에 애착을 갖다, ~에 정이 들다)로 쓰인다.
Emotional attachment는 '정서적 애착'이라는 뜻이다.

EXPRESSIONS 10번 읽으세요

I feel attached to this shirt.
이 셔츠에 애착이 있어.

쉬운 단어로 네이티브처럼 말하기

Do you feel attached to her?
그 여자에게 애착이 있니?

I feel attached to this watch.
난 이 손목시계에 애착이 있어.

Why do you feel attached?
왜 애착이 있죠?

힐러리 쌤의 절대공감 영어 표현

유아기 때 특정 이불이나 장난감을 고집하고 항상 가지고 다니려는 것 또한 attachment(애착)이다.

This is my baby's <u>attachment blanket.</u>

(이건 우리 아기가 항상 덮어야 하는 '애착 이불'이에요.)

This is my baby's <u>attachment doll.</u>

(이건 우리 아기가 항상 갖고 다니는 '애착 인형'이에요.)

사물 외에도 사람에게 감정적으로 애착을 갖게 되는 경우도 있다.

Do you love him or are you attached to him?

(그를 사랑하니? 아니면 애착이 있니?)

여기서 Attached는 '단순한 감정적 유대감을 넘어 상대를 잃는 두려움을 느끼며 의존하다.'라는 뉘앙스이다.

동일한 표현으로는 Emotional tie가 있다. '정서적 연결'이라는 뜻이다. 쌍방의 유대감이 형성된 주관적인 '감정의 묶음'이다. 주로 지적 호환성을 동반하기도 한다. 유사한 주제가 흥미롭게 느껴지고, 관심사를 공유하고 유머 코드가 일치하는 경우가 많다.

'정서적으로 연결'되는 것이 긍정적으로 작용한다면 서로에게 안식처가 되어주고 서로의 삶의 균형을 지켜주는 시너지 역할을 한다.

DAY 069

Bluff
허세를 부리다

실제로 능력이 없으면서 마치 능력이 많은 것처럼
허세 부리는 것을 Bluff라고 한다.
포커 게임에서 좋은 패가 없는데도 마치 더 좋은 패가 있는 것처럼 연기해서
상대를 속이고 자신에게 유리한 게임을 전개해 나가는 기술을 의미한다.
Bluff는 일상의 속임수인 '허세'에 그대로 가져다 쓴다.

EXPRESSIONS 10번 읽으세요

"Of course!" he bluffed.

"당연하지!" 그가 허세를 부렸다.

쉬운 단어로 네이티브처럼 말하기

Do you think they're bluffing?
그들이 허세 부리는 거 같니?

Poker players often bluff in games.
포커 선수들은 가끔 허세를 부려(기교를 써.)

He was just bluffing.
그 남자는 허세를 부리고 있었어.

힐러리 쌤의 절대공감 영어 표현

실속 없이 겉으로 드러내 보이려는 '허세'를 영어로 Bluff라고 한다. 허세는 거짓말의 한 형태이다.

Business bluff는 사업적인 면으로 부풀려서 원하는 것을 획득하는 것을 뜻한다. 'Is business bluff ethical?'(비즈니스적으로 허세를 부리는 것은 과연 윤리적인가?)라는 글이 〈하버드 비즈니스 리뷰〉에 실린 적이 있다. 어느 문화권이나 허세를 부리는 부류들이 많다.

같은 의미로는 Show off가 있다. 허세 부리는 사람을 명사로 Show-off라고도 한다.

No one likes a show-off.라고 하면 '아무도 허세 부리는 사람을 좋아하지 않아.'라는 의미가 된다.

Showy 또한 'show'(보여주다, 과시하다)에서 파생된 표현이다. '허세 부리는' 뜻의 형용사로 쓸 수 있다.

반대 의미의 표현으로는 다음의 문장들이 있다.

She's down to earth. (그 여자 사람 참 좋아.)

He's very humble. (그는 정말 겸손해.)

You're polite. (넌 예의가 바르구나.)

DAY 070

Self-awareness
자신을 아는 것

"너 자신을 알라."는 소크라테스의 말은 누구나 알고 있다.
하지만 정말로 자신을 알기란 어렵다.
자신을 객관적으로 인지하고 있는 능력을
Self-awareness(자기 인지, 자기 인식)라고 한다.

EXPRESSIONS 10번 읽으세요

Self-awareness is very important.
자기 인식은 정말 중요해.

쉬운 단어로 네이티브처럼 말하기

I lack self-awareness.
난 자기 인식이 부족해.

Self-awareness is the key to success.
자기 인식이 성공의 열쇠야.

Self-awareness plays an important role.
자기 인식이 중요한 역할을 해.

다른 사람들과 긍정적인 관계를 맺기 위해 자기 자신을 아는 것은 중요하다. 주로 자신보다는 타인에 대한 통찰을 하기가 쉽다. '나 자신을 또 다른 대상으로 바라보기'self-awareness가 객관적으로 어렵기 때문이다.

자기 이해는 자신의 본능, 감정, 행동을 객관적으로 바라보려고 노력하는 것이다. 자기 인식을 강조하는 이유는 객관적으로 자신을 평가하고 감정을 관리할 수 있기 때문이다. 자신의 행동을 자신의 가치와 일치시키고 다른 사람들이 자신을 어떻게 인식하는지 이해하면서 일상을 이어나갈 수 있다.

He doesn't have self-awareness.(그는 자신이 어떤 행동을 하고 있는지 몰라.)라는 표현은 아주 모욕적이고 굴욕적이다. 너무 지나친 자의식에 빠지지 않는다면 자신의 내부 상태를 알아차리고 긍정적인 방향으로 고쳐 나갈 수 있다.

자기 인식self-awareness을 가진 사람들은 긍정적인 호기심을 가지고 자신의 감정과 반응에 접근한다. 만일 자신이 과도하게 긴장하고 있는 것을 볼 수 있다면 자신의 신체적 감각을 객관적으로 알아차리고 불안의 원인을 되짚어 볼 수 있다. 자기 인식을 가진 사람은 더 행복하고 관계를 잘 유지할 가능성이 높다. 더 나은 의사결정decision-making을 하고 다양한 관점에서 이해할 수 있기 때문이다.

네이티브처럼 쉬운 단어로 말하는 법 ④

원어민 친구들과 어울린다

영어로 대화하면 영어식으로 생각하게 된다. 나는 현지 친구들이 말할 때마다 주의 깊게 관찰했다. 친구들이 말하는 방식이나 특정 단어를 발음하는 방식을 주의 깊게 관찰하면서 나도 모르게 그 속에 배어있는 정서와 뉘앙스를 흡수했다.

"How are you?"

"I'm fine. Thank you. And you?"

이것이 진짜 미국스러운 표현이 아니라면 서로 어떻게 인사하는지 주의 깊게 관찰했다. 친한 친구끼리 작별 인사를 어떻게 하는지, 약속에 늦을 때 뭐라고 사과하는지. 말하는 억양, 의성어, 무의식중에 내는 소리에 주의를 기울였다.

가능한 한 많이 듣고 관찰했다. 관찰하는 동안 나도 동화되어 갔다. 물건을 넘어뜨리면 "엄마야!" 대신에 "Oops!"가 튀어나왔다. 모서리에 발이 부딪히면 "아야!" 대신에 "Ouch!"가 튀어나왔다. 감탄할 거리를 발견하면 "이야~" 대신에 "Wow!"를 남발하게 되었다. 커피숍과 쇼핑몰에서 흘러나오는 듣기 민망한 19금 팝송 가사가 그대로 귀에 들어오기 시작했다. 그렇다. 나는 나도 모르는 사이 미국인으로 변해가고 있었다.

조금 뻔뻔해도 괜찮다고 스스로 허락한다

몇몇 표현들을 틀리게 말할 때마다 친구들은 오히려 더 잘 설명해줬다. 알고 보니 내 친구들은 생각보다 훨씬 큰 인내심을 갖고 있었다. 학교에서도 외국인 유학생들이 현지 생활에 잘 적응할 수 있도록 언어 교환 파트너(영어로 일상 회화를 할 상대)를 할당해줬다. 나는 끊임없이 연습하고 질문했다. 그 과정에서 나의 노력과 끈질긴 근성은 오히려 나를 도우려는 다른 사람들의 동기를 증가시킨다는 것을 깨달았다.

지나치게 수줍어하는 한국인 유학생들은 간단한 자기소개 외에는 아무 말도 하지 못했다. 언어를 빨리 배우려면 실수에 대한 두려움과 부끄러움을 무시할 줄 알아야 한다. 굳이 "나는 영어를 잘하지 못해."라고 말하지 않아도 원어민들은 상대가 언어 구사력이 부족하다는 것을 이미 알고 있다. 원어민들은 관대한 마음으로 외국인을 대하고 있다.

위축되는 긴장감에서 대범함으로 서서히 자신을 변화시키는 것은 단순히 영어 학습에만 국한된 훈련법이 아니다. 어떤 낯선 분야든 결과를 앞당겨주는 황금 열쇠다. 결국 이것이 성취를 하는데 최적화된 두뇌를 만드는 토대가 된다. 영어를 이미 잘하는 사람들은 타고났다고 하기보다 남 모르게 숨은 노력을 축적해온 것이다. 실수할까 봐 위축되던 순간들, 단 한 시간의 발표를 위해 일주일을 꼬박 준비했던 노력의 대가 지불을 지금 누리고 있는 것이다.

나 또한 영어의 감을 잃지 않기 위해 매일 30분씩 미국인 영상을 보며 따라 말한다. '평생을 노력하면서 버텼는데, 영어 훈련 단 30분도 못 견디겠냐.'는 주문을 건다. 대가 없는 결과는 나에게 유익을 주지 못한다.

DAY 071

Key person
핵심 인물

key는 important와 동일하게 '중요한'이라는 의미가 있다.
어떤 것 혹은 사람이 반드시 '필요하다',
'중요하다'는 key(열쇠)라는 표현을 자주 쓴다.
일상생활에서 한 개인에게 중요한 역할을 하는 사람을
Key person이라고 한다.

EXPRESSIONS 10번 읽으세요

He was the key person.
그가 핵심 인물이었어.

쉬운 단어로 네이티브처럼 말하기

Eric is the key person on the team.
에릭은 그 팀에서 정말 중요한 사람이야.

There is a key person behind this.
배후에는 중요한 인물이 있지.

Tom is the key person of this company.
탐이 이 회사에서 중요한 사람이야.

Key person은 굳게 잠긴 자물쇠가 딱 맞는 맞춤형 열쇠로 열리듯, '빼놓을 수 없는', '필수적인'이라는 뉘앙스를 갖고 있다. 비즈니스에서 회사나 프로젝트의 핵심 열쇠를 쥐고 있는 의사 결정자, 결정적인 일을 해낼 수 있는 능력자를 일컬어 쓰는 말이기도 하다. 일상에서는 주로 한 개인과 긍정적인 관계를 맺고 의지할 수 있으며 인생의 전반적인 측면에서 중요한 역할을 하는 사람을 Key person이라고 한다.

모두가 자신이 안전하고 보살핌을 받을 수 있도록 느끼는 사람과 장기적으로 관계를 이어나가는 것을 필요로 한다. 아동 발달적인 측면에서는 부모가 아이와 함께할 수 없을 때 '부모의 역할을 대신하는 중요한 사람'을 Key person이라고 한다.

일상이든 비즈니스든 누군가 혹은 어떤 사안을 깊이 이해하고 발전시키는 것에 결정적인 역할을 하는 중요한 사람이 Key person이다.

반면, 대가 지불 없이 일도 안 하고 숟가락만 슬쩍 올리는 사람을 영어로 Free loader라고 한다.

비슷한 표현으로는, Free riders, Hitchhikers, Deadwood, Slugs, Drones, Barnacles, Slackers 등이 있다. 워낙에 직접적으로 지적하는 표현이라 면전에서 곧바로 쓰기는 어렵다.

DAY 072

Out of context
맥락에서 벗어나다

Context는 '전체적인 흐름', '맥락'이라는 뜻이다.
Out of~는 '~를 벗어나서'이기 때문에 전체 흐름과 달리
'지극히 개인적인 해석'이나 '의도적으로 곡해된 견해'라는 뉘앙스를 띤다.

EXPRESSIONS 10번 읽으세요

It was taken out of context.
그건 (맥락을 무시하고) 잘못 해석됐어.

쉬운 단어로 네이티브처럼 말하기

Stop taking it out of context.
앞뒤 맥락과 상관없이 말하는 걸 멈춰 줘.

Don't take me out of context.
내 말을 듣고 싶은 대로 듣지 마.

The quote was taken out of context.
그 인용구는 전체 맥락을 무시하고 쓰였어요.

Out of context는 '전후 맥락을 생략하다', '정황을 무시하다'라는 의미다. context 자체가 '(사건, 상황의) 전체 맥락, 배경, 전후 관계'라는 뜻이다.

반대로 In context라고 하면 '전체 맥락을 고려하여, 전후 관계를 유념하여'라는 의미가 된다.

전후 관계를 무시하고 자신이 보고 싶은 것만 보고 말하는 사람들이 있다. 그것을 꼬집어 일컫기 위해 Out of context라는 표현을 쓴다. 우리말에도 '앞뒤 다 잘라먹고', '해석하고 싶은 대로'라는 표현이 있듯이 말이다. 전후 관계를 알지 못하면 실제를 체감하기 어렵다. 글을 읽을 때도 전후 문맥을 파악하지 못하면 겉도는 식의 이해가 될 뿐이다.

원어민들은 context라는 단어를 일상에서 많이 사용한다.

Understand the context. (전후 문맥을 이해하다.)

See the whole context to figure it out.

(그것을 알아내기 위해 전체 맥락을 살펴보다.)

It was out of context. (뜬금없었다, 주제에서 벗어났다.)

With a little history and context,

(뒷 배경과 맥락을 조금 알려드리자면,)

편파적으로 보지 않고 객관성을 유지하려는 그들의 노력이 엿보인다.

DAY
073

Hindsight is 20/20
뒤늦게 깨달음

Hindsight의 사전적 정의는 '사정을 다 알게 됨', '뒤늦은 깨달음'이다.
우리말에도 '지나고 나면 선명히 보인다',
'지금 알고 있는 것들을 그때 알았더라면'이라는 개념이 있다.
인간의 최고 시력이 2.0이다. 영어로는 숫자 20(twenty)라고 표현한다.
그만큼 지나고 나면 '선명하게 잘 보인다'라는 의미다.

EXPRESSIONS 10번 읽으세요

Hindsight is always 20/20.
항상 뒤늦게 깨달아.

쉬운 단어로 네이티브처럼 말하기

Hindsight is better than foresight.
뒷 시야가 앞 시야보다 더 낫다.

In hindsight, I should have tried harder.
지나고 보니 좀 더 노력할걸 그랬어.

I should have bought some stocks.
Hindsight is 20/20.
주식 좀 사둘걸 그랬어. 시간이 지나니 분명해지는군.

힐러리 쌤의 절대공감 영어 표현

Hindsight는 종종 '사후 평가', '때늦은 지혜'라고 해석된다. 반대 의미로는 Foresight가 있다. 미리 앞을 내다보고 판단하는 '예측', '선견지명'이라는 뜻이다.

과거에 대한 회고나 반성이 미래에 대한 예측보다 더 쉽기 마련이다. 앞을 내다보는 능력이 지난 일을 회고하는 능력과 동일하다면 인간은 아마 신적인 존재가 될 것이다.

Hindsight is 20/20.라는 말은 '어떤 일이 발생한 후에 더 잘 보이는 법이다.'라는 문자적인 해석을 할 수 있다. 한국에서는 인간의 최고 시력을 2.0으로 정의하지만 영어로는 20이다. 미래를 예측하기가 그만큼 어렵다는 의미를 내포하고 있다. 그래서 I learn from my mistakes.(내 실수를 통해 배웠어.) I learned some lessons.(몇 가지 교훈을 얻었어.)라는 말과 종종 자주 쓰인다.

또 재미있는 것은 '나는 이미 다 알고 있었어.'라는 인지적 편향을 Hindsight bias(사후 확증 편향)라고도 한다. 이런 편향에 빠지면 자신의 객관적인 면모를 간과하고 실제로 자신이 무엇을 고쳐야 할지, 마땅히 했어야 했던 일이 무엇인지 반성하지 못한다.

DAY 074

Gray divorce
황혼 이혼

인생의 황혼기에 젊은 시절부터 이어 온 오랜 결혼 생활을 마무리 짓고 이혼하는 것을 '황혼 이혼(Gray divorce)'라고 한다. 머리가 회색(희게) 변한다고 해서 회색(Gray)이라는 표현을 황혼에 빗대어 쓴다.

EXPRESSIONS 10번 읽으세요

Gray divorce is common.
황혼 이혼은 흔한 일이야.

쉬운 단어로 네이티브처럼 말하기

Gray divorce is on the rise.
황혼 이혼이 증가하고 있어.

There're some reasons for gray divorce.
황혼 이혼의 이유가 몇 가지 있지.

They went through gray divorce.
그들은 황혼 이혼을 했어.

힐러리 쌤의 절대공감 영어 표현

Gray-haired는 머리가 흰 '노년층'을 뜻한다. Silver hair(은발)라는 표현 또한 '황혼기', '노년기'를 일컫는 표현이다. '황혼 이혼'이란 한국에만 국한된 것이 아닌 전 세계적인 현상이다. 영어로는 Gray divorce 혹은 Silver split이라고 한다.

최근 황혼 이혼을 한 마이크로소프트사의 창업자 빌 게이츠의 트위터 내용 일부이다.

After a great deal of thought and a lot of work on our relationship, we have made the decision to end our marriage.
(많은 생각과 관계에 대한 노력 끝에 저희는 결혼생활을 마감하기로 결정했습니다.)

Over the last 27 years, we have raised three incredible children and built foundation that works all over the world to enable all people to lead healthy, productive lives.
(지난 27년 동안 저희는 3명의 멋진 자녀들을 키웠고 세계 모든 이들이 건강하게 생산적으로 살 수 있도록 돕는 재단을 설립했습니다.)

We continue to share a belief in that mission and will continue our work together at the foundation but we no longer believe we can grow together as a couple in this next phase of our lives.
(저희는 사명을 같이하고 재단의 일을 계속해 나가겠지만 삶의 다음 단계에서는 부부로서 함께 성장할 수 없다고 믿습니다.)

DAY 075

Wasn't born yesterday
우습게 보지 말아요

Born yesterday는 '어제 태어났다', '신생아'의 뜻이다.
I wasn't born yesterday(난 어제 태어난 게 아니야)라는 말은
'난 바보가 아니야.' '우습게 보지 마.' '나도 알 건 다 알아.'라는 의미다.

EXPRESSIONS 10번 읽으세요

I already know. I wasn't born yesterday.

이미 알고 있어. 나도 알 건 다 알아.

쉬운 단어로 네이티브처럼 말하기

Do you think I was born yesterday?

내가 바보인 줄 알아?

I wasn't born yesterday. Stop lying.

난 바보가 아니야. 거짓말 그만해.

They think I was born yesterday.

그들은 나를 애송이로 보고 있어.

힐러리 쌤의 절대공감 영어 표현

I wasn't born yesterday라는 표현은 쉬운 단어로 연결되어 있지만 해석은 고유한 의미가 있다. 상대가 거짓을 말하고 있다는 의심이 드는 상황에서 사용하는 표현이다. 속이려 드는 사람보다 오히려 더 성숙하고 영민하기 때문에 하는 말을 곧이곧대로 믿지 않는다는 '경고'의 의미가 함축되어 있다.

born yesterday란 '어제 태어났다'는 의미로 '어리숙한', '애송이'라며 누군가를 우습게 보는 뉘앙스이다.

Do you think I was born yesterday?(내가 애송이로 보이니?)

What do you think I am?(날 뭘로 보는 거야?)

I'm not deceived easily. (난 잘 속지 않아.)

I'm not naive. (난 순진하지 않아.)

I'm not stupid. (난 멍청하지 않아.)

이런 문장에서 그 의미를 충분히 파악할 수 있다.

Age is just a number. (나이는 숫자에 불과해.)는 '나이가 어리다고 해서 미성숙한 것도 아니고, 나이가 많다고 해서 지혜로운 것도 아니다.'라는 의미로 쓰인다. Silver hair is a sign of wisdom. (은발 머리는 지혜의 상징이다.)라는 연륜과 노련함의 지혜를 강조하는 영어 속담이 있긴 하지만, 최근 Silver hair is a sign of age and that's it!(은발은 나이의 상징일 뿐 그 이상도 이하도 아니다!)라는 말이 유행하고 있다.

DAY
076

No offense!
기분 나쁘게 듣지 마!

Offense는 '불쾌함'이라는 뜻이다.
듣는 사람으로 하여금 자칫하면 불쾌할 수도 있는 혹은 민감한 사항을 이야기하려 할 때 미리 자신의 '악의 없는 의도'를 표현하는 것이다.
'기분 나쁘라고 하는 말은 아니야.'라고 해석할 수 있다.
Don't get me wrong(오해하지 마.)라는 동일한 표현이 있다.

EXPRESSIONS 10번 읽으세요

No offense, but it was rude.
기분 나쁘라고 하는 말은 아니지만, 그건 무례했어.

쉬운 단어로 네이티브처럼 말하기

No offense, but I don't agree.
기분 나쁘게 듣지 마. 난 동의하지 않아.

No offense, but I don't like it.
기분 나쁘게 듣지 마. 난 그게 맘에 안 들어.

No offense, but you need to practice a lot.
기분 나쁘게 듣지 마. 넌 연습이 많이 필요해.

힐러리
쌤의
절대공감
영어 표현

어쩔 수 없이 누군가에게 싫은 소리를 해야 할 때가 있다. 상대가 상처를 받을 수도 있는 민감한 내용을 이야기할 때 미리 No offense(기분 나쁘라고 하는 말은 아니야)라고 마음을 준비시켜 준다. 이 표현은 듣는 이로 하여금 기분을 상하게 하지 않으려는 상대의 배려가 담긴 표현이다. 누군가가 No offense!라고 하면 Don't worry, I'm not offended.(걱정하지 마, 기분 나쁘지 않아.)라고 대답할 수 있다.

같은 표현으로는 I don't mean disrespect.(무시하려는 의도는 아니야.)가 있다. respect는 '존경'이지만 반대로 disrespect는 '무시'다.

I don't mean disrespect, but I prefer to be alone.
(무시하려는 의도는 없지만, 난 혼자 있는 게 더 좋아.)
I don't mean disrespect, but it doesn't look good on you.
(무례하게 구는 건 아니지만, 그건 네게 잘 안 어울려.)
I don't mean disrespect, but this position is not for you.
(무례하게 구는 거 아니지만, 이 포지션은 네게 줄 수 없어.)

DAY 077

Nosy
남의 사생활에 참견하는

Nosy는 '참견하기 좋아하는', '꼬치꼬치 캐묻는'이라는 표현이다.
참견하기 좋아하는 이웃들을 Nosy neighbor라고 한다.
배려의 연장선인 오지랖보다는 '참견'의 뉘앙스가 더 크다.

EXPRESSIONS 10번 읽으세요

Don't be nosy!
캐묻지 마!

쉬운 단어로 네이티브처럼 말하기

You're so nosy.
넌 참견이 심해.

Stop being nosy. It's none of your business.
참견 그만해. 네가 상관할 바가 아니야.

She tends to be nosy.
그녀는 꼬치꼬치 캐묻는 경향이 있어.

힐러리 쌤의 절대공감 영어 표현

Nosy는 '참견하기 좋아하는'이라는 표현이다. 자신과 큰 상관 없는 남의 일에 관심을 갖는 사람을 묘사한 다. 코(Nose)가 닿을 만큼 타인의 일에 참견하는 정도가 얼굴을 들이밀 듯이 너무 심하다는 뜻이다.

Intrusive(침입하는), Meddlesome(참견하기 좋아하는), Busybody(참견하느라 바쁜 사람) 등등 다양한 표현들이 있다. 미국인들은 It's none of your business.(네가 (상관할) 일이 아니잖아.)와 같은 표현을 종종 하는데, 그만큼 남의 일에 신경 쓰는 것을 꺼리는 개인주의 성향의 문화가 드러난다.

반면에 우리는 충분히 암묵적으로 이를 인식하고 있지만 너무 궁금한 나머지 주체를 못 하고 사생활에 연관된 질문으로 기어코 선을 넘고야 만다. '불편한 질문을 하지 않아야지!'라고 의도적으로 마음먹는 것도 도움이 된다.

어쩔 수 없는 상황으로 인해 꼭 개인적인 질문을 해야 할 때는 아래 표현처럼 도입부를 깔아 주는 것이 좋다.

I'm not trying to be nosy but,

(제가 캐물으려고 하는 건 아니지만,)

I don't mean to make you feel uncomfortable but,

(불편하게 하려는 건 아니지만,)

DAY 078

Don't reinvent the wheel

효율적으로 하자

reinvent the wheel의 문자적인 해석은 '바퀴를 다시 발명하다.'이다. Don't reinvent the wheel은 '이미 만들어 놓은 것을 다시 만들기 위해 시간을 허비하지 말자', '이미 있는 것을 잘 활용하면 되지 굳이 0부터 다시 시작할 필요는 없다'라는 서구 특유의 실용주의, 효율주의가 그대로 묻어나는 영어 표현이다.

EXPRESSIONS 10번 읽으세요

We don't need to reinvent the wheel.

시간 낭비할 필요 없어.

쉬운 단어로 네이티브처럼 말하기

There is no time to reinvent the wheel.

시간 낭비할 때가 아니야.

He's reinventing the wheel.

그는 이미 만들어져 있는 것을 다시 만들려고 해.

Let's not reinvent the wheel.

시간 낭비하지 말자.(이미 만들어져 있는 것을 잘 활용하자.)

인간이 발명한 가장 위대한 것들 중 하나가 바퀴다. 인류 역사는 바퀴로 인해 큰 발전을 이뤄냈다. 현재까지의 기술 발전의 근간에는 항상 바퀴가 있었다. 이미 바퀴 자체가 완벽한 발명인데 다시 발명하겠다는 사람이 있다면 '이미 만들어 놓은 것을 다시 만들려고 시간을 낭비'하는 비효율적인 사람으로 보일 것이다.

원어민들은 실생활에서 "You don't have to reinvent the wheel."(바퀴를 굳이 다시 발명하지 않아도 된다.)라는 표현을 참 많이 쓴다. 이 표현은 습관habit의 중요성을 말할 때도 연관성이 있다. '습관'이라는 실용과 효율의 바퀴가 잘 굴러가면 어떤 내용물로 교체되더라도 탁월한 결과를 낼 수밖에 없다.

어떤 일을 규칙적으로 하려는 내적 의지와 어떤 일을 일상적으로 실천하는 습관을 만드는 것은 전혀 다른 문제다. 하지만 우리는 이것을 혼동해서 생각한다. 시도 때도 없이 동기부여를 받고 의지를 불태우는 것과 구체적인 습관의 판을 짜는 작업을 분명하게 구별해야 한다. 인간의 의지는 변수에 취약하지만 잘 자리 잡은 습관은 웬만해선 우리를 배신하지 않는다.

DAY
079

Low-hanging fruit
쉽게 달성할 수 있는 목표

Low-hanging fruit의 문자적인 해석은 '낮게 매달려있는 과일'이다.
문자적인 뜻을 그대로 직역해도 어느 정도 쉽게 이해할 수 있다.
높이 달려 있는 과일보다 낮게 달려 있는 과일이 먹기 용이할 것이다.
'쉬운 작업'이나 '성취하기 쉬운 것'을 뜻하는 고급스러운 표현이다.

EXPRESSIONS 10번 읽으세요

Let's start with low-hanging fruit.
쉬운 것부터 시작하자.

쉬운 단어로 네이티브처럼 말하기

Pick the low-hanging fruit first.
가장 쉬운 목표를 먼저 골라.

They just picked the low-hanging fruit.
그들은 쉬운 목표를 골랐을 뿐이야.

We won't go for only low-hanging fruit.
우린 낮은 목표만 추구하지 않을 거야.

힐러리 쌤의 절대공감 영어 표현

목표를 성취하려 할 때 너무 어렵고 거창한 것부터 접근하면 효율성이 떨어진다. 너무 급하게 서두르지 않고 천천히 자신이 할 수 있는 것부터 하는 것이 목표를 훨씬 이루기 쉽다. 그럴 때 쓰는 표현이 '쉬운 목표'인 low-hanging fruit이다. 반대 의미인 '어려운/도전적 목표'는 Stretch goal이라고 한다.

Take care of the low-hanging fruit first. (쉬운 것부터 해.)

What's wrong with the low hanging fruit?

(쉬운 목표라고 해서 뭐가 잘못됐어?)

We first started with the low-hanging fruit.

(우린 먼저 쉬운 것부터 시작했어.)

It's super low-hanging fruit. (이건 완전 쉬워.)

It look like a low-hanging fruit. But, it's a trap.

(쉬운 거 같아 보이지. 그러나 함정이야.)

때로는 사람이 쉬워 보일 때도 low-hanging fruit라는 표현을 쓴다. '놀리기 쉬운', '속이기 쉬운', '설득하기 쉬운'의 뉘앙스로도 쓰인다. 누군가의 적은 노력을 비꼬는 부정적인 뉘앙스로 쓰이기도 한다.

He's a low-hanging fruit. (그는 속이기 쉬워.)

DAY 080

I know what I'm doing
난 내 앞가림 잘 해

문자적인 해석은 '난 내가 무엇을 하는지 알고 있다.'이다.
'무엇을 하는지 정확히 알고 있으니
그에 따르는 올바른 행동을 할 능력이 있다.'라는 의미다.
'난 다 알고 있어.' '이미 알고 하는 거야.'라는 뜻으로도 자주 쓰인다.

EXPRESSIONS 10번 읽으세요

Don't worry. I know what I'm doing.
걱정하지 마. 난 내 앞가림 잘 해.

쉬운 단어로 네이티브처럼 말하기

He doesn't know what he's doing.
그는 자기가 뭘 하고 있는지 몰라.

At least they know what they're doing.
적어도 그들은 자기 앞가림하잖아.

I know what I'm doing. **Stop nagging!**
다 알고 하는 거야. 잔소리 그만해.

힐러리
쌤의
절대공감
영어 표현

I know what I'm doing은 '내가 무엇을 하는지 알고 있다.' '제대로 알고 하고 있으니 안심하라.' '내가 알아서 한다.'라는 뉘앙스를 띤다. 자신이 하는 일에 관해 자신감이 있을 정도로 경험이나 지식을 갖고 있어서 다른 사람의 조언이나 도움이 필요 없다는 말이다. 누군가가 참견하려 하거나 못 미덥다는 태도를 보일 때 주로 쓰는 표현이다.

A: It can be confusing. (그건 헷갈릴 수도 있어.)

B: I know what I'm doing. (내가 다 알아서 해.)

A: He knows what he's doing. (그는 앞가림 잘 해.)

B: I doubt it. (그렇지 않은 거 같은데. 또는 의심이 돼.)

반대로 '앞가림 못 해', '본인이 뭘 하는지도 몰라'라는 표현도 익혀두자.

'Don't know what 사람 is/are doing'이다.

They don't know what they're doing.
(그들은 자신이 뭘 하는지도 몰라.)

He's clueless. (그는 아무것도 몰라.)

She doesn't know anything. (그녀는 아무것도 몰라.)

긍정의 리액션과 칭찬

서양인들은 웬만하면 부정적인 내용의 지적을 꺼린다. 한국에서는 오랜만에 만나면 "왜 이렇게 살이 쪘어!", "얼굴이 많이 상했네."라는 말을 거리낌 없이 하는 사람도 있지만, 영어권에서는 선을 넘는 농담을 주고받을 만한 오랜 친구가 아니라면 상상할 수 없는 일이다. 그들은 지적보다는 칭찬을 주로 한다.

"You have beautiful skin."(넌 피부가 정말 곱구나.)

어머니께 물려받은 좋은 피부를 감사하게도 어떤 백인이 알아봐 주었다. "Thank you. So do you."(고마워요. 당신도 마찬가지네요.) 하며 서로 칭찬을 주고받았다. 커피숍에서 계산하는데 뒷사람이 말했다.

"I love your bag. It's adorable!"(네 가방 정말 예쁘다. 사랑스러운걸!)

"Oh, thank you. This is my favorite."(오, 고마워요. 이게 제가 가장 좋아하는 거예요.)

이렇게 서로 미소와 칭찬을 주고받았다.

나는 미국에서 오랫동안 생활하면서 긍정의 리액션과 칭찬이 몸에 배었다. 한국에 와서 "에이~ 립 서비스가 너무 심한 것 아니니?"라는 말을 종종 듣는다. 미국인들이 상대를 높여주고 칭찬해주는 것, 상대의 단점보다는 장점을 먼저 보고 그것을 더 크게 확대해서 말해 주는 것을 배웠을 뿐인데.

네이티브가
자주 쓰는
영어를
해석해 보세요

You made it against all odds.

Hats off to them.

I never go back on my word.

It's all Greek to me.

They're politically biased.

Let me sleep on it.

He has anger management issues.

I feel attached to this shirt.

Of course! He bluffed.

Self-awareness is very important.

한글 해석은 뒷 페이지에 →

네이티브가
자주 하는
말을 영어로
해보세요

넌 모든 역경을 극복하고 해냈어.

정말 대단한 분들이에요.

내가 한 말은 반드시 지켜.

뭐가 뭔지 하나도 모르겠어.

그들은 정치적으로 편향되어 있어.

천천히 생각해볼게.

그는 분노 조절 장애가 있어.

이 셔츠에 애착이 있어.

당연하지! 그가 허세를 부렸다.

자기 인식은 정말 중요해.

← 영어 표현은 앞 페이지에

네이티브가
자주 쓰는
영어를
해석해 보세요

He was the key person.

Don't take me out of context.

Hindsight is always 20/20.

Gray divorce is common.

I already know. I wasn't born yesterday.

No offense, but it was rude.

Don't be nosy!

We don't need to reinvent the wheel.

Let's start with low-hanging fruit.

Don't worry. I know what I'm doing.

한글 해석은 뒷 페이지에→

네이티브가
자주 하는
말을 영어로
해보세요

그가 핵심 인물이었어.

내 말을 듣고 싶은 대로 듣지 마.

항상 뒤늦게 깨달아.

황혼 이혼은 흔한 일이야.

이미 알고 있어. 나도 알 건 다 알아.

기분 나쁘라고 하는 말은 아니지만, 그건 무례했어.

캐묻지 마.

시간 낭비할 필요 없어.

쉬운 것부터 시작하자.

걱정하지 마. 난 내 앞가림 잘 해.

← 영어 표현은 앞 페이지에

Chapter 05

DAY 081 ~ DAY 100

DAY 081

It works for me!
그거 좋지!

Work는 '일하다' 외에도 '효력, 효과가 있다', '작동하다'라는 의미가 있다. It works for me를 문자적으로 해석하면 '무언가가 나를 위해 작동한다.' '내게 효력이 있다.' 즉 '가능하다', '좋다'라는 고급스러운 허락의 뜻이다.

EXPRESSIONS 10번 읽으세요

7 o'clock works for me!

7시 좋지!

쉬운 단어로 네이티브처럼 말하기

Does Monday work for you?

월요일 가능해요?

No, but Tuesday works for me.

아니요, 화요일은 가능해요.

I'm sure it'll work.

당연히 가능할 거야

힐러리 쌤의 절대공감 영어 표현

직장에서 하는 일뿐 아니라 모든 '노동'을 포함하는 명사일 경우에는 a work 혹은 works처럼 단수와 복수 표기를 해 준다. 동사로 쓰일 때 work는 '일하다' 외에도 '효력, 효과가 있다', '작동하다'라는 의미가 있다.

7 o'clock works for me를 문자 그대로 해석하면 '7시 자체가 나를 위해 작동한다.' '7시가 내게 효력이 있다.' 즉, '7시의 시간 약속이 가능하다.'라는 고급스러운 뜻이다.

'work for 사람'은 '~에게 통한다'는 의미로 쓰인다. 상대에게 제안하거나 제안에 응할 때 자주 표현한다.

A: How about sandwiches for lunch?
(점심으로 샌드위치는 어때?)
B: It will work for me. (좋지.)

A: Does Monday next week work for you?
(다음 주 월요일 가능해?)
B: Yes, it works for me. (응, 가능해.)

It will work out. Don't worry. (다 해결될 거야. 걱정하지 마.)

누군가의 일이 잘 되길 바랄 때도 Hope it works out. (잘 되길 바라.) 이렇게 사용한다.

DAY
082

Devil's advocate
악역의 질문자, 선의의 비판자

Devil은 '악마'라는 뜻이지만, 상대의 유익,
최선을 위해 어쩔 수 없이 악역을 맡는다.
Devil's advocate는 '악역의 질문자'라고 해석한다.
어떤 일에 대해 의도적으로 상대에게 반대 의견을 말하는 사람을 뜻한다.

EXPRESSIONS 10번 읽으세요

Let me play devil's advocate.
내가 악역의 질문자 역할을 해 볼게.

쉬운 단어로 네이티브처럼 말하기

He's playing devil's advocate.
그는 일부러 반대편에 서서 질문하고 있어.

We like to play devil's advocate.
우린 악역의 질문자 역할극을 좋아해.

My boss asked me to play devil's advocate.
직장 상사가 나에게 악역의 질문자 역할을 요청했어.

로마 가톨릭교회는 '성인 추대 심사'를 했다. 죽은 사람 중에 성자나 성인으로 임명될 사람들을 제안했다. 제안된 모든 후보자들의 성자 임명 전에 실제 삶과 결함, 허위진술을 밝히기 위해 불리한 질문을 하는 관리를 임명했다. '선의의 비판자'는 이 관리의 역할에서부터 유래했다.

어떤 의견에 굳이 반대하는 입장이 아니더라도 활발한 토론을 위해 일부러 반대 의견에 서서 항변하며 질문하는 사람이 있다. 굳이 악의가 있어서가 아니라 상대가 최악의 시나리오를 염두에 두고 최선의 방안을 모색할 수 있도록 돕기 위해 일부러 반대편에 서서 질문하는 것이다.

검증하고 토론을 자아내기 위해서 맡게 되는 '반대자 역할'을 Devil's advocate이라 한다.

최선의 결과를 도출해내기 위해 의도적으로 반론을 제시하는 것은 영미권의 건강한 토론 문화이다. 심지어 모두가 동의할 법한 생각이나 의견에 일부러 반대하면서 다양한 의견과 열띤 분위기를 이끌어낸다. 그래서 동사를 play(역할을 맡다)를 쓴다.

단순히 논쟁을 위해 반대 의견을 내지만 그 효과는 정말 크다. 여러 가지 타당성을 시험해 볼 수 있기 때문이다. 서로 토론하는 자리에서는 나이, 성별이 중요한 요인으로 작용하지 않는다. 그렇기에 수평적인 구도에서 대등한 입장으로 토론한다.

DAY 083

I'll walk you through this
찬찬히 설명해 줄게

'Walk 사람 through~'란 표현은 직역하면 '~를 걸어서 통과하도록 해주다.'이다. 즉, 누군가에게 낯선 내용을 찬찬히 자세하게 설명해 주거나, 실제로 어떻게 하는지 행동을 가르쳐 줄 때 직접 보여준다는 표현이다. 상대방에게 어떤 것을 이해시켜야 할 때 혼자 걷지 않도록 '기꺼이 동행해 준다.'라는 친절의 의미다.

EXPRESSIONS 10번 읽으세요

I'll walk you through the process.

과정을 자세히 설명해 줄게.

쉬운 단어로 네이티브처럼 말하기

Please walk me through this.

이것을 차근차근 알려주세요.

He walked me through the rule.

그가 규칙에 대해 자세히 알려줬어.

Let me walk you through the issue.

내가 그 문제에 대해 낱낱이 알려줄게.

힐러리 쌤의 절대공감 영어 표현

'Walk 사람 through~'는 단순히 설명하다(explain)의 수준을 넘어서 '상대를 공감하며 총체적인 이해를 시켜주다'라는 친절과 배려가 담긴 표현이다.

Let me walk you through this. (내가 자세히 알려줄게.)

He walked me through what happened.

(그가 무슨 일이 있었는지 다 알려줬어.)

They will walk you through all the steps.

(그들이 모든 절차를 자세히 알려줄 거야.)

She walked me through the 10-page thesis.

(그녀는 10장짜리 논문을 다 설명해줬어.)

강아지를 산책시켜 줄 때도 walk를 쓴다.

I have to walk my dog. (강아지를 산책시켜 줘야 해.)

'바래다주다'에도 walk를 쓴다.

I'll walk you home. (내가 집에 바래다줄게.)

영국의 축구팀 리버풀의 응원가에는 "You'll never walk alone." (넌 절대 혼자 걷지 않을 거야.)라는 가사가 들어간다. 이렇게 walk는 누군가와 천천히 '동행한다'라는 뉘앙스를 지닌다.

DAY 084

Game changer
판을 바꿔 놓는 사람, 게임체인저

말 그대로 '게임의 룰을 바꿔 놓는 사람'을 뜻한다.
판을 뒤흔들어 기존의 대세와 흐름을 통째로 바꾸는 사람이나
상황을 역전시킬 만한 결정적인 역할을 한 사건 혹은 제품을 뜻한다.

EXPRESSIONS 10번 읽으세요

We call them 'Game changers'.
우리는 그들을 '게임체인저들'이라 불러.

쉬운 단어로 네이티브처럼 말하기

What a game changer!
완전 게임체인저구나!

His idea was the game changer.
그의 아이디어가 게임체인저였어.

It will be a game changer.
그건 판도를 완전히 바꿔 놓을 거야.

Game changer는 '게임(Game)을 Changer(바꿔 놓는 사람)'을 의미한다. 이 '게임'이란 비유적인 의미다. 특정 상황이나 일반적인 판도를 뜻한다. 어떤 상황에서 흐름의 전개를 완전히 바꿀 만한 결정적인 역할을 하는 사람 혹은 사건, 제품인 것이다.

This will be the game-changing item.

(이것이 판도를 바꾸는 아이템이 될 거야.)

There will be another game changer.

(판도를 바꾸는 또 다른 것이 나타날 거야.)

It was a game changer in Europe.

(그것은 유럽의 판도를 바꿔 놓았어.)

기존의 시장에서 엄청난 변화와 혁신을 이끈 애플의 스티브 잡스, 아마존의 제프 베이조스, 마이크로소프트사의 빌 게이츠가 대표적인 Game changer(게임체인저)들이다.

늘 당연시 여겨지는 방식이나 관습에 의미 있는 변화를 주는 '창의성'이 있어야 Game changer가 될 수 있다.

DAY 085

Stay on top of~

어떻게 돌아가는지 알고 있어

'Stay on top of~'를 직역하면 말 그대로 '~의 꼭대기에 머물다.'이다.
정상에 있으면 아래가 훤히 보이므로
그만큼 '무슨 일이 일어나는지 잘 알고 있다.'라는 뜻이다.

EXPRESSIONS 10번 읽으세요

I'm staying on top of everything.
모든 것을 다 파악하고 있어.

쉬운 단어로 네이티브처럼 말하기

I'm trying to stay on top of it.
파악하고 관리하려 노력 중이야.

It's hard to stay on top of it.
그것을 관리하는 건 어려워.

Stay on top of your finance.
네 재정을 잘 관리해.

힐러리 쌤의 절대공감 영어 표현

'Stay on top of~'는 시야 확보가 가장 잘 되는 정상(Top)에서 '상황을 주시하고 파악한다.'는 의미다. 좀 더 넓은 의미로 '일이 잘 돌아가도록 애쓰고 있다.'라는 뜻이다.

예를 들어, I'm staying on top of the project.(그 프로젝트를 관리하고 있어.)라고 하면 그 프로젝트에서 '놓치는 것 없이 모든 면모를 파악하고 있다.'라는 뜻이다.

They always stay on top of everything.

(그들은 항상 모든 일을 주시하고 관리해.)

How can you stay on top of it?(그것을 어떻게 다 관리할 수 있니?)

Help your child stay on top of his/her homework.

(아이가 숙제를 하도록 관리해.)

Stay on top of news.(뉴스를 잘 봐.)

맡은 일을 효율적으로 관리하는 사람들의 몇 가지 특징이 있다.

Do hard tasks first(어려운 일을 먼저 한다.)

Make 'To do list'(할 일 목록을 만든다.)

Avoid over-booking(지나치게 바쁘도록 계획하지 않는다.)

Set a routine(루틴을 만든다.)

Keep the desk organized(책상을 정리한다.)

DAY 086

Goal-oriented
목표 지향적인

'명사+oriented'는 '~위주의, ~를 지향하는'이라는 뜻이다.
Goal은 '목표'이므로 Goal-oriented는
'목표 지향적인', '성취 지향적인'이라는 표현이다.

EXPRESSIONS 10번 읽으세요

He is goal-oriented.
그는 목표 지향적이야.

쉬운 단어로 네이티브처럼 말하기

He's a team-oriented person.
그는 팀워크를 중시해.

They're family-oriented.
그 사람들은 가정적이야.

I'm detail-oriented.
난 꼼꼼해.

힐러리 쌤의 절대공감 영어 표현

'명사+oriented'는 '~위주의, ~를 지향하는'이라는 뜻이다. 사람마다 각자 중요하게 여기는 가치관이 다르다.

Detail-oriented(디테일을 중시하는, 꼼꼼한)

Growth-oriented(성장을 중시하는)

Action-oriented(행동을 중시하는)

Health-oriented(건강을 중시하는)

Future-oriented(미래를 중시하는, 야망이 있는)

Text-oriented(활자 중심의)

Task-oriented(할 일 위주의)

Relationship-oriented(관계 위주의)

People-oriented(사람을 중시하는)

이처럼 다양한 가치관과 선호도가 존재한다. 주로 이민자들의 나라인 영미권에서는 '동일'한 것보다는 '조화'를 중요하게 여긴다. 서로 다름을 인정하고 서로에 대한 편견 없이 서로를 존중한다.

Self-oriented(자기 중심적인)

Customer-oriented(고객 중심적인)

Experience-oriented(경험 중심적인)

Feeling-oriented(감정 중심적인)

DAY 087

Take with a grain of salt
감안해서 들어

문자적인 해석은 '소금을 곁들여서 받아들이다.'이다.
약간 싱거운 음식은 소량의 소금을 더할 때
맛이 좋아지고 목으로 넘기기 수월해진다.
즉 '액면 그대로 받아들이지 않고 이해하기 쉽도록 감안해서 듣다.'라는
표현이다.

EXPRESSIONS 10번 읽으세요

Take **what he says** with a grain of salt.

그가 하는 말은 가감해서 들어.

쉬운 단어로 네이티브처럼 말하기

Take **my opinion** with a grain of salt.

내 의견을 가감해서 들어.

You have to take **it** with a grain of salt.

곧이곧대로 들으면 안 돼.

Take **her promise** with a grain of salt.

그녀의 약속은 액면 그대로 믿지 마.

힐러리 쌤의 절대공감 영어 표현

Take with a grain of salt는 '곧이곧대로 듣지 않고 약간의 조미료를 가미해서 이해한다.'라는 뉘앙스이다. 무언가를 왜곡시키거나 과장하는 것은 아니지만, '약간의 의심'과 '상식선에서 생각하려는 객관성'을 더해서 이해하는 것이다.

사고가 유연하지 못하면 전체를 감안해서 생각하기보다 문자적인 해석에 치우쳐서 이해하기가 쉽다. 소금은 이런 상황에서 중요한 역할을 한다. 소금은 여분의 맛을 내서 맛보고 넘기기가 쉽다. 어떤 것을 소금과 함께 섭취하면 독소를 비롯한 나쁜 요소들을 중화시켜 줄 수 있다. 소금은 일상생활에서 빼놓을 수 없는 필수 요소다. 그런 맥락에서 '누군가의 말과 의견을 적당히 걸러서 듣는다.' '액면 그대로 받아들이지 않는다.' '약간의 의심을 하고 회의적으로 받아들인다.'라는 의미를 지닌다. Take with a pinch of salt.(소금 한 꼬집)이라는 표현으로 교차해서 쓰기도 한다.

I took his advice with a grain of salt.

(난 그의 충고를 가감해서 들었어.)

It has to be taken with a grain of salt. (그건 가감해서 들어야 해.)

반대로는, 문자 그대로 받아들이다(Take it literally)라는 표현이 있다.

He takes everything literally. (그는 다 문자 그대로 받아들여.)

Don't take the article literally. (그 기사를 문자 그대로 받아들이지 마.)

DAY
088

Quality over quantity
양보다 질이 중요하다

이 표현은 유형의 것에 가치를 매길 때도 쓰지만, 무형의 것에도 많이 쓰인다.
예를 들면, 인간관계나 개인적인 성향을 나타낼 때도 사용한다.
over는 than처럼 '~보다'라는 비교의 뉘앙스가 있다.
Quality over quantity 표현에서는 than보다 over가 더 자연스럽다.
더 중요하게 여기는 것을 over(상위 가치, 위)로 올려놓기 때문이다.

EXPRESSIONS 10번 읽으세요

Quality over quantity. Don't you agree?

양보다는 질이 중요하지. 그렇지 않아?

쉬운 단어로 네이티브처럼 말하기

Let's order this one. Quality over quantity.

이것으로 주문하자. 양보단 질이지.

I chose quality over quantity.

양보다는 질을 선택했어.

It should be quality over quantity.

양이 많은 것보다 퀄리티가 좋아야 해.

힐러리 쌤의 절대공감 영어 표현

일상생활에서 양과 질을 비교하는 경우가 많다. 새 물건을 사거나 식당에서 음식을 주문할 때 혹은 누군가를 위해 선물을 고를 때 주로 양과 질적인 부분을 고민한다. 이런 경우 대부분의 사람들은 양보다 질을 선택한다. 장기적으로 보면 훨씬 더 이득이기 때문이다. 비싼 물건을 살 때 망설여지지만 오래 사용함으로써 오히려 비용을 절약하게 된다. 숫자보다는 내용과 깊이에 집중하면 훨씬 더 행복감을 느낀다. 결국 양보다 질을 높이는 것은 자신을 사랑하는 행위다.

하지만 질보다 양을 우선시하는 사람도 있다. 그럴 땐 단어의 순서를 바꿔서 Quantity over quality라고 하면 된다.

A: I don't think that's enough. (충분하지 않은 거 같아.)

B: Quality over quantity. (양보다 질이 더 중요해.)

A: Which one?(어느 것으로 할래?)

B: Quality over quantity. (양보다는 질에 가치를 둬.)

A: Which is more important, quality or quantity?
(질과 양 중에 뭐가 더 중요해?)

B: It depends. (그때그때 다르지.)

DAY 089

Double standard
이중 잣대

있는 그대로의 본질과 잣대에서 벗어나
자신이 편한 대로 판단하는 것을 '이중 잣대'라고 한다.
같은 가치를 두고도 자신의 유익과 선호도를 따져가며 평가하는 것을
Double standard(이중 잣대)라고 표현한다.

EXPRESSIONS 10번 읽으세요

There shouldn't be a double standard.
이중 잣대를 대면 안 돼.

쉬운 단어로 네이티브처럼 말하기

There wasn't a double standard.
이중 잣대는 없었어.

He had a double standard.
그는 이중 잣대를 댔어.

I don't understand this double standard.
난 이 이중 잣대를 이해할 수 없어.

사람은 다 감정적인 존재이다. '이성은 감성을 뒷받침하기 위해 쓴다.'라는 말이 있을 정도로 자신의 당위성을 정당화한다. 이런 약점을 꼬집어 이르는 '이중 잣대'를 영어로 Double standard라고 한다. 우리말에도 감정의 윤리에 해당하는 '내로남불'(내가 하면 로맨스, 남이 하면 불륜)이라는 신조어가 있다.

이중 잣대는 단순한 용어가 아니다. 개인이 느낄 수 있는 불의injustice, 차별discrimination, 고통pain까지 포함된다. 같은 일로도 자신의 입장에서는 충분히 정당화가 되지만 남에게는 허용되지 않는 것이다. 이렇게 자신에게만 좋은 의도로 해석하며 관대한 아량을 베푼다.

같은 의미로 hypocrite(위선자)라는 단어가 있다. '행동과 말이 모순되는 사람'을 뜻한다.

She's a hypocrite. (그녀는 위선자야.)

즉 '말과 행동이 앞뒤가 안 맞는 사람'이니 조심하라는 뜻이다.

미국의 자기계발 베스트셀러 작가인 스티븐 코비의 유명한 한마디가 있다.

"We judge ourselves by our intentions. And others by their actions."

(우리는 자신의 동기를 살펴 평가하고 남에게는 행동 그 자체로 평가한다.)

그만큼 자신에게만 관대한 인간의 면모를 꼬집는 표현이다.

DAY 090

Late bloomer
늦게 꽃 피우는 사람, 대기만성

조바심 나는 현실과 일상에 힐링이 되는 표현이다.
문자적 해석은 Late(늦게) Bloom(꽃 피다)이다.
따라서 Late bloomer는 '대기만성', '나중에 잘 되는 사람'이다.

EXPRESSIONS 10번 읽으세요

He was a late bloomer.
그는 마지막에 잘 풀렸어.

쉬운 단어로 네이티브처럼 말하기

See? You made it! You're a late bloomer.
거봐. 해냈잖아! 넌 대기만성이야.

I think they're late bloomers.
그 사람들은 대기만성형인 거 같아.

I guess I'm a late bloomer.
난 대기만성형인가 봐.

남들이 보기엔 더딘 것 같고 돌아가는 것 같지만 실상은 저마다 자기 인생의 시간표대로 살아가고 있다. 시간이란 차원은 의미적인 해석에서 지극히 주관적이다. 역량, 지식, 경험이 응축되어 화학작용을 일으키는 시간이 종종 허송세월로 느껴진다.

결과가 기대치만큼 바로 보이지 않아 조바심치지만 결국엔 이뤄내는 사람이 꽤 많다. 특히 또래나 동료들 중에 조금 뒤처지는 것 같은 사람이 있지만 결국 성공하는 사람을 지칭해서 '뒤늦게 꽃을 피우는 사람, 대기만성형'(Late bloomer)라고 일컫는다. 꽃이 피는 아름다움과 숭고함의 의미를 확장해서 사람에게 빗대어 쓰는 것이 인상적이다. 굳이 성취가 아니더라도 성장 발육이나 지적 능력이 늦게 성장하는 사람을 일컫기도 한다. 결국 때가 되어야 꽃이 핀다.

지금 주위에 Late bloomer 같아 보이는 사람이 있다면 이렇게 이야기해 줄 수 있다.

I'm so proud of you. (난 네가 자랑스러워.)

No matter what people say, I have faith in you.

(남들이 뭐라 하든 난 널 믿어.)

I know it's hard but you're doing a great job.

(어렵지만 넌 잘 해내고 있어.)

Good things will happen to you. (좋은 일들이 일어날 거야.)

I knew you would do it! (네가 해낼 걸 알고 있었어!)

네이티브처럼 쉬운 단어로 말하는 법 ⑤

우리는 아직 배우는 과정 중에 있다

내가 살던 실리콘밸리 인근 지역 Fremont라는 도시에는 인도 출신 엔지니어들이 많이 살고 있었다. 인도 식당이 많아 하루 2끼 이상 인도 카레를 먹는 것은 예삿일이었다. 인도의 문화와 음식에 매료된 나는 어느 날부터 구글 번역기로 힌디어를 찾아보기 시작했다. 한국식 카레가 아닌 인도 정통 카레가 너무나도 맛있다고 꼭 '말'해주고 싶어서였다. 엔지니어나 창업가가 아닌 일반 식당 직원들은 영어를 잘 구사하지 못해 꼭 영어 대신 '힌디어'로 말해야 했다.

아무 말이라도 무조건 하리라고 마음먹었다. 메뉴 책자에 나오는 몇몇 단어들을 익히고 식당 직원에게 힌디어로 음식이 맛있다 칭찬하고, 고맙다고 인사하기 시작했다. 인도인들이 매번 나의 어설픈 힌디어 발음을 못 알아들었다. 그런데도 자꾸 말을 이어가니 나사가 몇 개 빠진 사람처럼 보였는지 피식 웃는 사람도 있었다. 그래도 신경 쓰지 않았다. 내게는 상대의 반응을 통해 배우는 당연한 과정이었으니까. 아직도 인도 사람들은 '고맙다'는 내 힌디어를 잘 못 알아듣는다. 그렇다. 나는 아직 배우는 과정 중에 있다. 결과를 무조건 앞당겨야 한다는 강박에서 자유로우니 즐거운 마음으로 지속할 수 있다.

자투리 시간에 영어 공부에 집중한다

그렇다고 해서 내가 외국어를 공부하려고 늘 시간을 따로 배치하고 모범생처럼 늘 지켜내는 것은 아니다. 나는 로봇이 아닌 사람이니까.

나의 일상은 조용한 카페에서 우아하게 커피를 마시며 영어 원서를 읽는, 마치 영화에 나올 법한 한 장면과 거리가 멀다. 실상은 온갖 잡무와 돌발상황의 뒤처리를 하느라 어느새 하루가 순간 삭제되어 있다. 한 번씩 유튜브의 알고리즘에 놀아나고 나면 내 시간은 다 가버리고 없다. 그래도 나는 죄책감에 나 자신을 몰아붙이지 않는다.

단 몇 분이라도 외국어 공부를 한다. 굳이 수험생의 자세로 책상에 앉아 몰두하기보다 스마트폰으로 가물거리는 단어들을 다시 찾아본다거나 낙서하듯 이면지에 좋아하는 단어와 문구들을 반복해서 써본다. 각종 신조어를 실제 원어민들은 어떻게 문장 속에 녹여 쓰는지 확인하고자 구글에 예문을 검색해 본다. 그 후 발음을 점검하고 연습한다. 모든 의미를 내 안에 각인시킨다.

원래 '공부하는 시간'은 따로 존재하지 않는다. '공부'보다 다소 생산성이 떨어지는 활동에 쓰는 시간을 취합해서 '공부'하는데 쓰는 것뿐이다. 매 순간 우리는 일상의 내용물들로 분주해도 내면의 의식이 영어에 집중하고 있다면 그것 또한 시작의 한 걸음이다.

DAY
091

Root for
~를 응원하다

Root for는 원래 스포츠팀이나 선수를 '지지하고 응원하다'라는 표현이다. 그 의미의 확장으로 주위 사람들, 가족, 친구, 동료를 응원하고 격려할 때 쓰는 표현이다.

EXPRESSIONS 10번 읽으세요

I'm rooting for you.

날 널 응원해.

쉬운 단어로 네이티브처럼 말하기

We all rooted for the team A.

우리는 다 A팀을 응원했어.

Good luck. Everyone's rooting for you.

행운을 빌어. 모두가 널 응원하고 있어.

Thank you for rooting for us.

우릴 응원해 줘서 고마워.

힐러리 쌤의 절대공감 영어 표현

Root는 '뿌리'라는 표현이다. '~를 확신하고 뿌리를 내린다'는 의미로 일상에서 누군가를 '지지하다', '응원하다'라는 뜻이 있다. 마치 견고한 나무의 뿌리처럼 이랬다저랬다 마음을 바꾸지 않고 '든든하게 받쳐주겠다'라는 의미다.

비슷한 응원과 격려의 표현으로는 다음과 같은 것들이 있다.

We support you. (우리가 널 응원해.)

I'll keep my fingers crossed. (행운을 빌어.)

You can do it. (넌 할 수 있어.)

I'm on your side. (난 네 편이야.)

우리가 흔히 알고 있는 Cheer up(힘내)라는 표현은 우울해하거나 슬퍼하는 사람에게 '기운 내'라고 하는 응원의 메시지이다. 반면 I'm rooting for you는 상대가 성취하려는 일이나 누군가의 성공을 응원해주는 표현이다. '멀리서라도 늘 생각하며 응원한다.'라는 뜻이 함축되어 있다.

당연히 "Fighting!"은 잘못된 영어 표현이다. 전반적인 한국인의 정서와 언어를 모르는 원어민에게는 문자 그대로 '싸우는 것'으로 들린다.

DAY
092

Power trip
갑질

'갑질'이라는 단어는 신기하게도 'Gapjil(갑질)'
이렇게 위키피디아에 등록되어 있을 정도로 일상생활에 많이 쓰이게 되었다.
수직 구조와 권위의식을 바탕으로 한 한국적 문화와 정서를
어느 정도 반영하는 표현이다.

EXPRESSIONS 10번 읽으세요

They went on a power trip.
그 사람들은 갑질했어.

쉬운 단어로 네이티브처럼 말하기

I'm sick of his power trips.
이제 그의 갑질에 지쳤어.

Your power trip's gone too far.
네 갑질은 너무 멀리까지 갔어.

I still remember their power trips.
난 아직도 그들의 갑질을 기억해.

힐러리 쌤의 절대공감 영어 표현

한국 정서에서는 '갑질'이란 부유층이 가난한 사람들을 상대로 남용하는 정서적 학대, 오만한 행동으로 해석되지만, 서양에서는 주로 위치나 권력으로 상대를 제압하려 드는 태도를 뜻한다.

'갑질'의 원론적인 뜻은 힘과 권력Power을 내세워 오만하고 권위적인 태도를 보이고 행동하는 것을 일컫는다. 여기서 Power는 Ego의 뉘앙스를 띤다. 자기중심적인 목적지의 여행Power trip이 되기 때문이다. 사전적 정의로는 '자신의 위상과 자기 가치를 높이기 위해 지속적으로 타인에게 공격적인 힘을 행사하는 것'이다. 힘의 남용은 말 그대로 Abuse of power이다.

타인에게 '해를 끼치는 행동을 하는 사람'을 가리키는 표현은 영어에도 많다.

She's always on a power trip. (그 여자는 항상 갑질해.)

He's a control freak. (그는 늘 통제하려 들어.)

Tommy is a big bully. (Tommy는 남을 괴롭히는 사람이야.)

They boss me around. (그들은 항상 이래라저래라 해.)

You're a micromanager. (넌 일일이 다 간섭해.)

She's so bossy. (그녀는 너무 권위적이야.)

DAY
093

Life happens
어디 인생이 맘대로 되나

Life happens는 '삶이 발생한다'라고 문자적으로 해석하겠지만,
실제로 '삶은 생각대로 전개되지 않는다.'의 의미로 쓰인다.
일상 대화체에서는 '예기치 못한 변수가 생겼어.'라는 뜻으로 사용된다.

EXPRESSIONS 10번 읽으세요

Then, life happened.
그러고 나서, 일이 있었어.

쉬운 단어로 네이티브처럼 말하기

Well, life happened.
글쎄, 이런저런 일들이 있었어.

Life happens but don't give up.
어려운 일들이 생기게 마련이지. 그래도 포기하지 마.

Life can happen anytime.
어느 때라도 변수는 생길 수 있어.

힐러리 쌤의 절대공감 영어 표현

Life happens는 '예기치 못한 변수들로 가득한' 인생의 면모를 적나라하게 드러낸 영어 표현이다. 실제로 미국인 동료는 "Life happens but coffee helps."라고 한다. '사는 게 쉽진 않지만 커피는 도움이 되지.'라는 의미다. 그 친구는 커피 마니아다.

Life went as I planned. (내가 계획한 대로 인생이 풀렸어.)라고 할 수 있는 사람은 소수를 제외하고는 거의 없을 것이다. Life happens는 긍정적인 일을 묘사할 때보다 갑자기 다쳤거나, 손실을 입는 등 '예기치 못한 문제', '어려운 일'이 있었던 경험을 강조할 때 쓰는 완곡한 표현이다. 그럼에도 불구하고 삶은 계속된다.

Something unexpected happened.
(예기치 못한 일이 생겼어.)

Something urgent happened.
(급한 일이 생겼어.)

Life gets in the way.
(중간에 변수가 생기잖아.)

Life goes on. ((그럼에도) 삶은 계속 진행돼.)

DAY
094

Off the record
비공식적 발언, 우리끼리 얘긴데

'내가 말하는 건 공식적인 이야기가 아니므로
기록(record)할 것이 아니다.'라는 뜻이다.

EXPRESSIONS 10번 읽으세요

It's off the record.
그건 비공식적인 이야기야.

쉬운 단어로 네이티브처럼 말하기

This is off the record. Don't share with others.
비공식적인 것이니 다른 사람들에게 이야기하지 마.

I told her it was off the record.
비공식적인 것이라 그녀에게 말해줬어.

Let's keep this off the record.
이건 우리끼리만 알고 있자.

힐러리 쌤의 절대공감 영어 표현

Off the record는 어떤 정보를 비공식적으로 발언하고 싶을 때, 나중에 자신의 이름이 대화 내용과 거론되는 것을 꺼릴 때, 어딘가에 기록되는 것을 원치 않을 때 사용하는 표현이다.

무언가 '기록(Record)할 가치가 없다.'라는 것은 아직 결정 나지 않은 계획, 불확실한 내용인 것이다. 추후에 내용이 변경되거나 말이 와전되어 자신이 피해를 입을 수 있기 때문에 '기록하지 마', '비밀리에 해두자', '비공식적으로 얘기하는데'의 뉘앙스를 갖고 있다.

This is off the record, okay?(이건 비공식적인 거야, 알았지?)

이렇게 상대에게 미리 힌트를 준다.

반대로 무언가를 분명히 해 두고 싶을 때는 For the record를 쓴다. '이건 기록용이야'라는 의미다. 자신의 결백을 밝히거나 타당성을 입증할 때 자주 쓰이는 표현이다.

For the record, I wasn't there.

(분명히 해두는데, 난 그곳에 없었어.)

For the record, I won last time.

(분명히 말하는데, 지난번에 내가 이겼어.)

DAY
095

Contagious
전염성 있는

바이러스뿐만 아니라 누군가의 감정, 행동, 태도 또한 전염성이 있다.
Contagious는 남에게 끼치는 긍정적인 혹은
부정적인 영향, 전염을 표현할 때 자주 쓰인다.

EXPRESSIONS 10번 읽으세요

The virus is contagious.
그 바이러스는 전염성이 있어.

쉬운 단어로 네이티브처럼 말하기

His smile is contagious.
그 사람이 웃으면 다 웃게 돼.

Laughter and yawns are contagious.
웃음과 하품은 전염성이 있어.

Your attitude is contagious.
네 태도는 전염이 돼.

누군가의 긍정적인 영향력은 주변 사람들에게 선한 에너지를 준다. 반면 누군가의 부정적 태도는 접촉하는 사람들의 에너지를 뺏는다. Contagious는 바이러스뿐 아니라 누군가의 어떠함이 '영향을 끼친다'라는 표현으로 자주 쓰인다.

바이러스는 접촉으로 인해 전염된다. 이와 같은 원리로 누군가의 감정과 태도 또한 주변인들에게 전염된다. 유난히 우울해하는 친구, 시도 때도 없이 분노를 표출하는 주변인들을 떠올리면 쉽게 이해가 될 것이다. 이런 현상을 Emotional Contagion(감정적 전염)이라고 한다. 감정뿐만 아니라 부모의 사고방식, 직장동료의 태도, 친구의 동기 등에 쉽게 영향을 받는다.

서구에서는 자신이 어떤 상황에 있든지 최대한 감정을 배제하고 긍정적인 영향을 주려고 노력하는 것도 타인을 향한 에티켓, 배려의 연장선이다. 신기하게도 심리학자들의 연구에 따르면, 스트레스를 극복하는 방법은 긍정적인 태도Positive attitude를 유지하는 것이다. 태도는 마음가짐Mind-set에서 비롯되며 사물을 보는 내적 방식이다. 긍정적 태도는 외적으로 표출되므로 타인에게 전염된다.

DAY 096

Go with the flow
흐름에 맡기다

Flow 자체는 '흐름, 흘러감'이라는 뜻이다.
자신의 뜻을 주장하거나 억지로 저항하지 않고
'순리에 맡기다', '대세에 순응하다'라는 뜻이다.

EXPRESSIONS 10번 읽으세요

Just go with the flow!
그냥 흐름에 맡겨!

쉬운 단어로 네이티브처럼 말하기

I'll go with the flow.
대세에 따를게.

Just relax and go with the flow.
편하게 하고 흐름에 맡겨.

I'd rather go with the flow.
차라리 흐름에 맡기는 게 낫겠어.

힐러리 쌤의 절대공감 영어 표현

자신이 주체가 되지 않고 외부의 요인에 의해 결정 당하고 싶고, 우유부단하고 싶을 때가 있다. 그럴 때 I'll go with the flow.(대세를 따를게.)라고 한다. 어쩔 수 없이 누군가의 결정을 따르는 경우, 자기 주장을 펼치기 어색한 경우 Go with the flow.(순리를 따르다, 곱게 응하다)라는 표현을 많이 쓴다. Go with the flow는 늘 모든 것에 대해 미리 염려하고 통제하길 원하는 사람들이 결국에는 고백하는 표현이기도 하다.

A: I can't control everything.(난 모든 걸 통제할 수 없어.)

B: Don't worry. Just go with the flow.(걱정하지 마. 흐름을 타고 가).

서구인은 동양인에 비해 정서적으로 덜 아등바등하면서 사는 편이다. 노심초사하고 전전긍긍하며 사는 것보다 오히려 삶의 흐름과 일상이 펼쳐내는 일들에 마음을 여는 것이 더 행복하다고 믿기 때문이다. 하지만 무계획 자체는 우리를 게으르게 만들거나 좋은 기회를 놓치게 할 수 있으니 어느 정도의 균형을 유지하는 것 또한 중요하게 생각한다.

반대로 모든 것을 통제하려고 드는 사람을 Control freak이라 부른다. 모든 일을 자기 뜻대로 일일이 제어하려는 부류이다. 같은 표현으로는 'Bossyboots', 'Big Brother', 'Tycoon' 'Toxic personality'(유독성 성격)이 있다.

DAY
097

Intense
기가 세다, 장난이 아니다

Intense 자체는 '격렬한', '극에 달한'이라는 뜻이다.
사람이 Intense하다는 것은 '기가 세다',
'상대하기 부담스럽다'라는 뉘앙스를 띤다.
반면 사물이나 상황에 Intense라고 한다면 '강렬한',
'악착같은'의 의미로 쓰인다.

EXPRESSIONS 10번 읽으세요

She was really intense.
그녀는 정말 기가 셌어.

쉬운 단어로 네이티브처럼 말하기

It was an intense class.
정말 힘든 수업이었어.

The rollercoaster was really intense.
롤러코스터는 정말 무서웠어.

It looks intense.
장난이 아닌 거 같아.

힐러리 쌤의 절대공감 영어 표현

사람이 독하거나 성격이 까다로울 때, 상황이 어렵거나 극단적일 때 Intense를 사용한다. 최근 유행어 중에 "텐션Tension이 장난이 아니다."라는 표현을 들어본 적이 있을 것이다. Tension은 '긴장 상태', '갈등'을 뜻한다. 긴장 상태가 응축이 된 Intense는 긍정적인 뉘앙스보다 부정적인 뉘앙스가 더 강하다.

누군가의 너무 과한 장점도 단점이 될 수 있다. Intense는 '강렬하고 극에 달한' 뜻을 갖고 있지만 동시에 그 에너지가 너무 과한 나머지 '다소 부담스럽고 극단적이게 와 닿는다.'라는 뉘앙스를 띤다.

한번에 체중을 감량하거나 금연을 해내는 사람을 자기 관리self-control가 잘 되는 사람이라고 칭찬한다. 하지만 정도가 너무 과한 경우 '혹시 너무 독한 사람은 아닐까?' 하는 의구심을 갖기도 한다. 그럴 때 You're really intense.(너 장난 아니야.)라고 표현할 수 있다.

마찬가지로 상황이 극에 달할 때도 Intense를 쓴다.

Things are getting intense.(상황이 심각해지고 있어.)

The argument was intense.(말다툼이 심각했어.)

The meeting will be a little intense.(미팅 분위기가 좀 심각할 거야.)

반대 표현으로는 'Easygoing', 'Relaxed'가 있다.

DAY
098

Secure/Insecure
자존감의 유/무

Secure는 '안전한', '자존감 있는'이라는 뜻이다.
반대로 Insecure는 '불안한', '자존감이 낮은'이라는 뜻이다.

EXPRESSIONS 10번 읽으세요

He's insecure about his look.
그는 외모에 한해 자존감이 낮아.

쉬운 단어로 네이티브처럼 말하기

Don't feel insecure.
불안해하지 마.

I'm insecure these days.
난 요즘 자존감이 떨어졌어.

They felt nervous and insecure.
그들은 불안했고 자존감이 낮았어.

힐러리
쌤의
절대공감
영어 표현

Secure는 '안전한', '자존감 있는'이라는 뜻이다. 반대로 Insecure는 '불안한', '자존감이 낮은'이라는 뜻이다. 최근 유행어 중에 '유리 멘탈'이라는 단어가 있다. 조그만 것에도 상처를 잘 받고 혼자서 온전히 긍정적인 정서를 구축할 수 없는 '멘탈이 약한 사람'을 일컫는 말이다. 이런 '유리 멘탈을 가진 사람'을 He/She is insecure.라고 한다. 관계에 있어 상대를 신뢰하지 못하고 '건강하지 못한 의존을 하는 사람'을 가리킨다.

자신의 신체부위에 콤플렉스를 가진 사람들도 많다. 한국어로 '~에 콤플렉스가 있어'라는 표현은 잘못된 영어 표현이다. Complex 자체는 '복잡한'이라는 형용사나 '복합단지'라는 명사로 주로 쓰인다. 실제로 '~에 콤플렉스가 있다'라는 표현은 'I'm insecure about~'로 쓴다.

영어로 'I have a complex about~'는 잘못된 표현이다. 대신 'I'm insecure about~'를 써야 한다.

I'm insecure about my height. (난 키에 콤플렉스가 있어.)

I'm not insecure about anything.

(난 콤플렉스 없어. (난 자존감이 높아.))

자존감 자체는 영어로 Self-esteem이라고 한다.

I think you have a high self-esteem. (넌 자존감이 높은 거 같아.)

필요 이상으로 지나치게 자신만만한 것은 Overconfident이다.

He's sometimes overconfident. (그는 가끔 지나치게 자신만만해.)

DAY
099

Bring~ to the table
이익을 제공하다, 기여하다

여기서 Table은 '회의 테이블', '협상 테이블'로 생각해야 한다.
누군가가 이익을 추구하는 상황에서 '테이블에 어떤 것을 가져다 놓는다.'라는 것은 자신의 리더십, 경험, 통찰, 전문분야의 지식,
즉 '자신의 특별한 능력을 가져다주다', '이익을 위해 기여하다'라는 뜻이다.

EXPRESSIONS 10번 읽으세요

I bring a lot to the table.
난 능력자야(난 기여도가 높아.)

쉬운 단어로 네이티브처럼 말하기

He brings so much to the table.
그는 많은 이익을 제공해.

What can you bring to the table?
어떤 식으로 기여할 수 있죠?

He brought his leadership experience to the table.
그는 리더십 경험을 우리에게 보여줬어

힐러리 쌤의 절대공감 영어 표현

Bring~ to the table은 이익의 문제를 떠나서 어떤 '주제를 꺼내다', '해결 방법을 제안하다'라는 뜻도 있다. 큰 맥락에서 보면 어떤 주제를 먼저 언급하거나 해결 방안을 모색하는 것도 모두의 이익을 위해 기여하는 것이기 때문이다.

여기서 Bring은 '물건을 가지고 오다'라는 의미보다는 모두의 선의를 위해 '좋은 것을 가져다주고, 좋은 능력을 발휘한다.'라는 의미다. 자신의 리더십, 기술, 경험, 특별한 지식, 능력을 회사나 팀에 가져다주는 '기여하다'의 의미를 함축하고 있다.

She'll bring marketing skills to the table.

(그녀는 마케팅 기술로 기여할 거야.)

They have nothing to bring to the table.

(그들은 할 수 있는 게 없어.)

You brought a lot of creativity to the table.

(넌 창의적인 것들을 많이 보여줬어.)

능력 이외에도 특정 대화 주제를 '언급하다', '이야기를 꺼내다'라는 뜻도 있다.

He brought it to the table in the first place.

(맨 처음 그가 먼저 이야기를 꺼냈어.)

Don't bring it to the table yet.

(그 얘기는 아직 꺼내지 마.)

DAY 100

Get off one's chest

속이 다 후련하다

여기서 off는 '~에서 떨어져 나간',
'떼어져 있는' 이미지로 생각하면 이해에 도움이 된다.
평소의 걱정이나 고민을 가슴(chest)에서 떼어내면 '속이 다 후련'해진다.

EXPRESSIONS 10번 읽으세요

I got it off my chest.

속이 다 후련해.(걱정거리를 덜어냈어.)

쉬운 단어로 네이티브처럼 말하기

Tell him. Get it off your chest.

그에게 말해. 속 시원하게.

She got it off her chest.

그녀는 훌훌 털어버렸어.

You need to get this off your chest.

털어내 버릴 필요가 있어.

힐러리 쌤의 절대공감 영어 표현

Get off one's chest는 쌓아둔 감정들, 차마 말 못 한 이야기를 하고 나서 '후련함을 느낀다'는 표현이다. 마음속에 있던 비밀이나 걱정을 가슴(chest)에서 분리(off)시키는 것, 즉 '속 시원하게 털어놓는 것'이다.

망설이던 주제에 대해 이야기하는 문장을 살펴보자.

I have something I need to get off my chest. (털어놓을 게 있어.)

I have to get this off my chest. (이건 털어놓아야겠어.)

I want to get this off my chest. (털어놓고 후련해지고 싶어.)

It felt amazing after getting it off my chest.
(속 시원하게 털어놓으니 기분이 좋았어.)

비슷한 표현으로는 Get it out(고민을 털어놓다), Take a load off one's mind(마음의 짐을 덜다), Open one's heart(마음을 열다) 등이 있다.

It's okay to get it out. (털어놓아도 괜찮아.)

I want you to take a load off your mind.
(난 네가 마음의 짐을 덜었으면 좋겠어.)

Just open your heart. (마음의 문을 열어.)

제 기쁨입니다 (My pleasure)

다른 사람의 감정을 예민하게 인식하는 감수성이 너무 지나쳐도 문제가 있지만, 감수성이 너무 없어도 삶이 고달프다. 미국에 살다가 한국에 왔을 때 "명현 씨, 도와줘서 고마워요."라는 말을 들을 때면 나도 모르게 이 말이 튀어나왔다. "제 기쁨입니다!"

이 말을 듣고 대부분의 사람들은 눈이 휘둥그레졌다. 통상적으로 "아이고, 아니에요~"라고 하는데, 굳이 영어 교과서에 나올 법한 "제 기쁨입니다!"를 표정 변화 하나 없이 외쳤으니 말이다.

우리는 상대가 영어로 "Thank you!"(고마워요!)라고 하면 "You're welcome."(천만에요.)라고 대답하라고 배웠다. 하지만 실제로 미국에 살아보면 "You're welcome."보다는 이런 말을 더 많이 쓴다.

"Sure!"(그럼요), "No Problem!"(문제도 아니죠), "No worries!"(걱정하지 마세요), "My pleasure!"(도울 수 있어 제 기쁨인걸요). 물론 "You're welcome."(천만에요)라는 표현을 쓰기도 하지만, 왠지 모를 거리감이 느껴지거나 형식적으로 들리기도 한다.

내가 가장 좋아하는 표현은 "My pleasure!"이다. 이 말은 'Give and Take'의 상식을 벗어나 스스로 우러나온 호의를 상대에게 베풀었을 때 쓰는 표현이기 때문이다. 상대에게 고맙게 해 주는 일이 내게 기쁨일 때가 많다. 타인에게 베푸는 기쁨은 곧 나 자신에게 주는 선물이기도 하니까.

네이티브가
자주 쓰는
영어를
해석해 보세요

7 o'clock works for me!

Let me play devil's advocate.

I'll walk you through the process.

It will be a game changer.

I'm staying on top of everything.

He is goal-oriented.

Take what he says with a grain of salt.

I chose quality over quantity.

There shouldn't be a double standard.

He was a late bloomer.

한글 해석은 뒷 페이지에 →

7시 좋지!

내가 악역의 질문자 역할을 해 볼게.

과정을 자세히 설명해 줄게.

그건 판도를 완전히 바꿔 놓을 거야.

모든 것을 다 파악하고 있어.

그는 목표 지향적이야.

그가 하는 말은 가감해서 들어.

양보다는 질을 선택했어.

이중 잣대를 대면 안 돼.

그는 마지막에 잘 풀렸어.

← 영어 표현은 앞 페이지에

네이티브가
자주 쓰는
영어를
해석해 보세요

I'm rooting for you.

They went on a power trip.

Life can happen anytime.

It's off the record.

The virus is contagious.

Just go with the flow!

She was really intense.

I'm insecure these days.

He brings so much to the table.

She got it off her chest.

한글 해석은 뒷 페이지에 →

나는 너를 응원해.

그 사람들은 갑질했어.

어느 때라도 변수는 생길 수 있어.

그건 비공식적인 이야기야.

그 바이러스는 전염성이 있어.

그냥 흐름에 맡겨!

그녀는 정말 기가 셌어.

난 요즘 자신감이 떨어졌어.

그는 많은 이익을 제공해.

그녀는 훌훌 털어버렸어.

← 영어 표현은 앞 페이지에

Chapter 06

DAY 101 ~ DAY 120

DAY 101

Come clean
사실을 인정하다, 시인하다

Come clean은 '와서 청소해'로 해석하기보다는
숨겨왔던 진실이 탄로 나려 할 때 '사실을 인정하고 자백하는 것'이
올바른 해석이다.
끝까지 거짓말하지 않고 clean(깨끗한) 입장으로
마무리 지으러 come(나오는) 것이다.

EXPRESSIONS 10번 읽으세요

They came clean.
그들은 사실을 인정했어.

쉬운 단어로 네이티브처럼 말하기

You'd better come clean.
자백하는 게 나을 거야.

Didn't he come clean?
그가 자백하지 않았어?

I'm waiting for you to come clean.
난 네가 솔직히 자백하길 기다리고 있어.

힐러리 쌤의 절대공감 영어 표현

자신의 과오와 거짓이 탄로 날 때 끝까지 변명하는 사람과 사실을 인정하고 문제를 바로 잡으려는 사람이 있다. 후자의 사람을 Come clean한다고 한다. Come clean은 무언가를 잘못하고 나서 '실토하다', '솔직히 이야기하다'이다.

거짓말을 유지해 나가려면 또 다른 거짓말을 자꾸 만들어내야 한다. 한순간의 상황을 모면하기 위해 거짓말하기보다 용기를 내어 솔직히 자백하는 것을 Come clean이라고 한다. 구질구질하게 변명하기보다 깨끗한(Clean) 입장으로 나온다(Come)라는 뉘앙스를 띤다.

이 표현은 19세기 말에서 20세기 초 미국에서 유래되었다. '손을 씻다', '손을 깨끗이 하다'의 의미로 Clean이라는 표현을 썼다고 한다. 즉 거짓과 범죄에서부터 '손을 씻다.'라는 의미에서 비롯된 것이다.

'깨끗이 손을 씻다.'라는 표현으로는 Make a clean break가 있다.

Why don't you make a clean break?(이제 손 씻는 게 어때?)

I'll forgive you if you make a clean break.

(손 깨끗이 씻으면 용서해 줄게.)

이와는 달리 먼저 솔직히 고백하는 상황에서는 Confess라는 동사를 쓴다.

I need to confess something. (고백할 게 있어.)

DAY
102

Deep down
내심, 속으로는

굳이 겉으로 표출되지는 않지만 실제로는 진실이거나,
누군가의 속마음 상태를 말할 때 쓰이는 표현이다.
Deep down in one's heart. 이렇게 '마음 깊은 곳에는'이라고 풀어쓰기도 하고
Deep down(깊은 곳에서는, 내심) 이렇게 짧게 표현하기도 한다.

EXPRESSIONS 10번 읽으세요

Deep down, I was happy.
내심, 기뻤어.

쉬운 단어로 네이티브처럼 말하기

Deep down, I was proud of her.
내심, 그녀가 자랑스러웠어.

Deep down, I had feelings for her.
내심, 그녀를 좋아하고 있었어.

Deep down inside, I was rooting for him.
속으로는, 그를 응원하고 있었어.

힐러리 쌤의 절대공감 영어 표현

마음속 깊이 자신만 아는 생각이나 감정이 있다. '내심'은 영어로 Deep down이라고 표현한다.

He's humorous but deep down he's an introvert.

(그는 유머러스하지만 실제로는 내향적이야.)

Deep down, I felt uncomfortable about it.

(실제로는 그것에 대해 마음이 편하지 않았어.)

Inside(내면에는)을 첨가해서 같이 쓰기도 한다.

Deep down inside, we knew he was lying.

(우린 마음 깊은 곳에서 그가 거짓말하고 있다는 걸 알고 있었어.)

Deep down inside, everybody respected him.

(실제로는 모두가 내심 그를 존경하고 있었어.)

But deep down inside, I still love him.

(하지만 마음속 깊은 곳에서는 그를 아직 사랑하고 있어.)

속에 있는 이야기를 상대에게 직접 할 때는

I want to be honest with you. (너와 솔직해지고 싶어.)

This is how I feel. (내 솔직한 심정이야.)

I don't know what you'd think but,

(네가 어떻게 생각할지 모르겠지만,)

으로 대화를 시작할 수 있다.

DAY 103

Run in the family

가족력, 유전

여기서 Run은 '달리다'보다는 '흐르다'로 해석하는 것이 더 정확하다.
유전이나 어떤 특징이 '가족 사이에 타고 흐른다.' 유전은 거짓말하지 않는다.
즉, '가족력이 있다.'라는 의미다.
특정한 버릇이나 유전적인 요소는 가족 내에 흐른다. 유사한 의미로는
It runs in my blood.(그건 내 핏속에 있어.)라는 표현이 자주 쓰인다.

EXPRESSIONS 10번 읽으세요

It runs in my family.
그건 우리 집안 내력이야.

쉬운 단어로 네이티브처럼 말하기

Longevity runs in her family.
장수는 그녀의 집안 유전이야.

Brown eyes run in my family.
갈색 눈동자는 유전이야.

It seems to run in your family.
그건 네 가족력인가 봐.

힐러리 쌤의 절대공감 영어 표현

Run in the family의 문자적인 해석은 '가족 안에 흐르고 있다.'이다. 이것은 곧 '혈통을 물려받았다.' '가족 내력이다.'라는 뜻이다.

I have peanut allergy and it runs in my family.

(난 땅콩 알레르기가 있어. 가족 내력이야.)

A: Why is he so emotional?(그는 왜 그렇게 감정적이야?)

B: It runs in his family. (그 가족이 다 그래.)

'유전적인'이라는 형용사는 Genetic이다. "It's genetic."이라고 하면 '유전적이야.'라는 뜻이다.

또 비슷한 표현으로는 Inherited from~(~에게 물려받다)가 있다. "It's inherited from my mother."이라고 하면 '엄마에게서 물려받았어.'라는 의미다.

반대로 유전자와는 상관없는 '환경적인' 요인이 작용하기도 한다. 특정 운동을 즐겨 하거나 특정 색깔, 디자인을 선호한다면 유전이 아닌 환경적인 것이다. 이런 '가족적인 성향'은 Familial tendency라고 한다.

It is our familial tendency to watch sports.

(스포츠를 챙겨 보는 건 우리 가족 성향이야.)

DAY
104

Keep a low profile
눈에 띄지 않게 지내다

여기서 Profile은 누군가의 '신상 정보'라기보다는 '윤곽, 생김새, 모습'이라는 의미다. 좀 더 확장된 의미로 '타인으로부터 받는 관심', '인기도'를 뜻하기도 한다. 가급적 대중의 눈에 띄지 않고 조용히 살아가는 상황을 묘사하는 영어 표현이 Keep a low profile이다. 반대로 남의 눈에 잘 띄고 세간의 주목을 받는 위치를 a high profile이라고 한다.

EXPRESSIONS 10번 읽으세요

I'm keeping a low profile.
눈에 띄지 않게 살고 있어.

쉬운 단어로 네이티브처럼 말하기

I had to keep a low profile.
눈에 띄지 않게 지내야 했어.

She prefers to keep a low profile.
그녀는 조용히 사는 것을 선호해.

It was a high profile issue.
그건 대중의 이목을 끈 이슈였어.

힐러리 쌤의 절대공감 영어 표현

Keep a low profile은 눈에 띄지 않게 지내는 것이다. 반면에 High profile은 남의 눈에 잘 띄고 세간의 주목을 받는 것이다. High profile celebrity는 '대중에게 잘 알려진 유명인사(셀럽)'라는 뜻이다. 반대로 Low profile politicians는 '세간의 주목을 받지 않는 정치인'이다.

This place is low profile. (이 장소는 많이 알려지지 않았어.)

Low-key는 '이목을 끌지 않는', '억제하는'이라는 뜻이다.

Please keep this on the low key.

(주변에 알리지 말아 줘.)

We're trying to keep it on the low key.

(우리끼리만 알고 있으려고 해.)

눈에 띄지 않게 생활하는 것은 자신만의 공간에서 안전한 것을 좋아하거나, 때로는 관심과 주목에 따르는 책임을 회피하기 위함이다. 모든 상황에 반응하고 맞붙는 것보다 멀리서 '관조'하는 것이 훨씬 수월하다. 성취도가 높거나 가진 것이 많을수록 Low profile을 더 선호한다. 그만큼 외부에 투자하는 에너지를 아껴서 좀 더 높은 상위 가치에 투자할 수 있기 때문이다.

DAY 105

Take offline
따로 이야기하죠

세부적인 사항을 굳이 그 자리에서 바로 이야기하기보다 '따로 대화하는 것'을 의미한다. Take offline은 "지금 말고 나중에 따로 이야기하죠."라고 상대에게 제안할 때 자주 쓰이는 표현이다. 비슷한 표현으로는 I will get back to you on that.이 있다. 문자적인 해석은 '그 문제로 네게 다시 돌아올게.'이다. 즉 '그 부분은 내가 다시 알려줄게.'이다.

EXPRESSIONS 10번 읽으세요

Let's take this offline.
이건 나중에 따로 이야기하자.

쉬운 단어로 네이티브처럼 말하기

We took that discussion offline.
우린 따로 만나서 상의했어.

Can we take this offline?
이 문제는 따로 의논할까?

I think we should take it offline.
내 생각엔 이 문제는 우리가 따로 이야기해야 할 거 같아.

힐러리 쌤의 절대공감 영어 표현

모든 대화 주제에 바로 응해주면 이상적이겠지만, 때로는 대답하는 것을 잠시 보류해야 할 때가 있다. Take offline은 올바른 정보인지 확인하고 다른 내용들은 첨가할 것이 없는지 판단해서 좀 더 자신 있게 답변하고 싶을 때 쓰는 표현이다.

특히 여럿이 함께 있는 자리에서 큰 맥락과는 살짝 벗어나는 이야기, 필요 이상으로 세세한 부분이 거론될 때가 있다. 주로 공적인 일에서는 시간과 주제가 한정되어 있다. 그럴 때마다 자연스럽게 '나중에 따로 이야기'하기로 하고 다시 본론으로 돌아간다.

단, Offline이라고 해서 오프라인 즉 '직접 만나서'에 한정되는 것은 아니다. 대화의 주제에서 Off해서 따로 전화로 이야기하든, 이메일을 주고받든, 아니면 직접 만나든 일단 그 자리에서는 논하지 않고 따로 이야기하는 것이다.

누군가에게 대화를 먼저 요청하는 다른 표현도 알아두자.

Can I have a word with you?

(잠시 대화 가능해?)

Can we discuss this privately?

(이거 개인적으로 상의해도 될까?)

Can I talk to you for a sec?

(잠시만 이야기 가능해?)

DAY 106

Soft spot
마음이 약해지는 특정 부분

어떤 것에 특별한 애착이나 연민이 있으면 마음이 약해진다. 공정한 잣대나 일반적인 상식을 대입하기 어렵다. 감정이 개입되기 때문이다. 그럴 때 쓰는 표현이 Soft spot이다. 문자적 해석으로는 '부드러운 지점'이다. 굳어진 마음도 어떤 것을 대할 때 Soft(부드러워지는) 것이다.

EXPRESSIONS 10번 읽으세요

Everyone has their soft spot.

모두가 마음이 약해지는 부분이 있어.

쉬운 단어로 네이티브처럼 말하기

I have a soft spot for little children.

난 어린아이들에게는 약해.

She has a soft spot for animals.

그 여자는 동물에 약해.

I have a soft spot for Jenny.

난 Jenny를 보면 마음이 약해져.

강아지를 무척 좋아하는 지인은 강아지만 보면 마음이 녹아내린다. 아이스크림을 좋아하는 나는 아이스크림만 보면 이성적으로 생각하고 절제하기가 어렵다.

Soft spot은 직역하면 '부드러운 부분'이지만, 의역하면 그만큼 마음이 약해질 정도로 무언가를 '무척 좋아하다.' '사족을 못 쓴다.'라고 해석하면 매끄럽다.

대부분 자기 자신만의 특별한 경험, 어려움을 겪었을 때의 특별한 기억 때문에 Soft spot을 갖게 된다. 그런 의미에서 Soft spot은 과거의 경험, 그로 인해 만들어진 특성 그것이 미치는 영향을 전천후로 포함한다.

누군가의 Soft spot을 눈치챈 사람들은 그것을 이용하려 드는 경우가 많다. 그래서 특별한 동정심이나 과한 애정을 불러일으키는 대상과 상호 작용할 때 자신을 주시하고 객관성을 유지하려는 노력의 표현이기도 하다. 이미 알고 인정한다는 것은 어느 정도 이긴 게임이나 다름없다.

DAY 107

On the right track
제대로 잘하고 있는

누군가를 격려하는 표현이다. On the right track의 문자적 해석은 '올바른 트랙 위에 있다.'이다. 올바른 트랙 위에 있다는 것은 올바른 목적지를 향하고 있다는 것이다. 즉, 목표를 이루기 위해 이미 '성공으로 가는 선상에 있다.'라는 표현이다. 반대 표현으로는 On the wrong track(잘못된 방향으로 가고 있다)가 있다.

EXPRESSIONS 10번 읽으세요

You're on the right track.

넌 제대로 잘하고 있어.

쉬운 단어로 네이티브처럼 말하기

Am I on the right track?

내가 제대로 잘하고 있는 거지?

Don't worry. You're on the right track.

걱정하지 마. 넌 제대로 잘하고 있어.

They weren't on the right track.

그들은 제대로 잘하고 있지 않았어.

힐러리 쌤의 절대공감 영어 표현

누구에게나 침체의 시기가 온다. 자기 일을 제대로 잘하고 있는 것인지, 방향이 잘못된 것인지 의구심이 들 때가 있다. 그럴 때 자신에게 혹은 타인에게 용기를 북돋아 줄 수 있는 표현이 있다. 바로 "You're on the right track."(제대로 잘하고 있다.)이다. On the right track은 '잘하고 있다.' '제대로 하고 있다.'라는 의미다. 확신이 없는 사람에게 힘과 응원을 실어줄 때 쓰는 표현이다.

이렇게 실제로 잘하고 있다는 것을 꾸준하게 상기시켜 줌으로써 불필요한 침체에서 벗어날 수 있다. 그렇지 않으면 앞으로 나아가기 위한 동력이 고갈되고 주변 사람들까지 좌절시킬 수 있다. 우리가 원하는 속도만큼 빠르게 진행되지 않거나 진전이 없다고 느끼더라도 올바른 길을 가고 있다면 그것만으로도 충분하다.

미국 실리콘밸리에서는 Fail fast가 황금률이다. Fail fast는 '빨리 실패하라.'는 뜻이다. 어차피 실패가 성공의 필수 요건이라면 빨리 실패할수록 성공의 기회가 확률상 더 많아지기 때문이다.

상대를 격려하는 다른 표현들을 살펴보자.

Keep up the good work!(잘하고 있어!)

Great effort!(애썼어!)

Keep your chin up.(자신감 잃지 마.(직역은 '고개 들고 당당하게 해.'))

Pat yourself on the back.(네 자신을 토닥토닥 해줘.)

Nice try.(실수했더라도 잘 했어.)

DAY 108

Not rocket science
어렵고 복잡한 것은 아니야

어려운 문제를 풀거나 익숙하지 않은 일을 해결해야 할 때 원리가 그리 복잡하지 않은 경우 '그리 어렵지 않아.'라는 표현을 쓴다. Not rocket science의 문자적인 해석은 '로켓을 만드는 과학은 아니다.'인 만큼 문제만 보고 지레 겁을 먹거나 시도 자체를 하지 않으려는 사람에게 비꼬아 쓰는 표현이기도 하다. 또, 크게 어렵지 않다고 타인을 안심시킬 때 쓰는 표현이기도 하다.

EXPRESSIONS 10번 읽으세요

Well, it's not rocket science.

글쎄, 이게 그렇게 어려운 건 아닌데.

쉬운 단어로 네이티브처럼 말하기

Keep thinking. It's not rocket science.

계속 생각해 봐. 그리 어렵지 않아.

You can do it. It's not rocket science.

넌 할 수 있어. 그리 어렵지 않아.

It was pretty easy. It wasn't rocket science.

꽤 쉬웠어. 그리 어렵지 않았어.

힐러리 쌤의 절대공감 영어 표현

일반인이 로켓을 만드는 과학의 원리를 따지려면 엄청난 노력이 필요하다. 그 자체가 쉽지 않기 때문이다. 로켓은 기본 설계, 발사 거리 등등 복잡한 원리들의 총집합이다. 그래서 Not rocket science는 '그만큼 복잡하지 않다.' '알고 보면 쉽다.'라는 표현이다.

'누구나 의지만 있다면 할 수 있는 일이며 절대 불가능한 것이 아니다.'라는 뉘앙스로 주로 업무나 학업 중에 많이 쓴다. 충분한 노력을 들이지 않으려 하거나 지레 겁을 먹은 사람들을 설득하고 달랠 때 주로 쓰인다.

유사한 표현으로는 Not brain surgery(뇌 수술이 아니야)가 있다. '그렇게 어렵지 않아.'라는 표현이다. 이와 비슷한 표현들도 알아보자.

It's just common sense. (그냥 상식일 뿐이야.)

You can find solutions. (해결책을 찾을 수 있어.)

You're close. (거의 정답에 가까워.)

You can use whatever is available. (이용 가능한 건 다 사용해도 돼.)

It's actually easy. (실상 그건 쉬워.)

Don't give up yet. (아직 포기하지 마.)

DAY 109

Bear fruit
결실을 맺다

Bear fruit은 원래 '과실을 맺다.'라는 뜻이다. 뿌린 씨앗이 노력이라면 과실은 농부의 노력의 '결과'일 것이다. 그러므로 '노력의 결실이 드러나다.'라는 뜻으로 쓰인다. 즉각적인 결과보다는 '오랜 시간 노력과 인내에 대한 결과'의 뉘앙스이다. Bear는 원래 동사로 '지니다, 떠맡다, 감수하다'라는 뜻이 있다. Bear의 완료형(p.p)은 Born이며 '잉태, 태어남'의 뜻으로 쓰인다.

EXPRESSIONS 10번 읽으세요

It's finally bearing fruit.
이제야 결실을 맺고 있어요.

쉬운 단어로 네이티브처럼 말하기

Your effort will bear fruit.
네 노력에 결실이 있을 거야.

Our negotiation didn't bear fruit.
우리 협상은 결과가 없었어.

It took long to bear fruit.
결실을 맺는 데 오래 걸렸어.

힐러리 쌤의 절대공감 영어 표현

Bear fruit는 '어떤 일이나 특정한 방식에 꾸준하게 쏟은 노력이 결실을 맺는다.'라는 뜻이다. 영어에는 비유적인 표현들이 많다. Bear fruit는 '식물이 열매를 맺는 것'을 상상하면 쉽게 뜻을 이해할 수 있다. 굳이 먹을 수 있는 '과일'이 아니라도 모든 식물의 '열매', 어떤 노력의 '결실'을 총체적으로 일컬어 Fruit라고 한다.

열매는 곧바로 맺는 게 아니다. 많은 인내를 필요로 한다. 인내는 영어로 Patience이다. 인내의 중요성을 뜻하는 표현은 영어로 'Patience is a virtue.'(인내는 미덕이다.)가 있다. 이 속담은 일상에서 '인내'에 관해 이야기할 때 자주 사용된다.

Fruit의 형용사인 Fruitful은 '결실을 맺는, 생산적인, 유익한'이란 뜻으로 쓰인다.

It was a fruitful day. (유익한 하루였어.)

It was a fruitful meeting. (생산적인 미팅이었어.)

It was a fruitful year. (결실이 많은 한 해였어.)

We had fruitful results. (결실이 많았어.)

Congratulations for the fruitful work.
(일의 결실이 많았다니 축하해.)

DAY 110

A lot on my plate

할 일이 너무 많아

Plate는 '접시'다. 이미 접시에 음식이 A lot(많이) 담겨 있으면 더는 다른 음식들을 담을 공간이 없다. A lot on my plate은 비유적인 표현으로 남은 공간, 여지가 없을 정도로 '많이 바쁘다.'라는 뜻이다. 꼭 비즈니스가 바쁜 것에 국한된 표현은 아니다. '물리적으로, 심리적으로 더 이상 남은 공간이 없다.'라는 뉘앙스로 '신변잡기의 일들 때문에 심리적으로 압도되어 있음'을 의미한다.

EXPRESSIONS 10번 읽으세요

I have a lot on my plate.

할 일이 너무 많아요.

쉬운 단어로 네이티브처럼 말하기

She has a lot on her plate.

그녀는 할 일이 너무 많아.

I know you have a lot on your plate.

네가 할 일이 많다는 걸 알고 있어.

You know, I already have a lot on my plate.

너도 알다시피 내가 요즘 너무 정신없이 바쁘잖아.

힐러리 쌤의 절대공감 영어 표현

식사할 때 소화할 수 없는 많은 양(A lot)을 접시(Plate)에 놓으면 즐거운 식사가 아닌 처리하기 어려운 부담으로 다가올 것이다. 원어민들은 '처리해야 할 많은 일'을 가리키는 말로 'A lot on one's plate'를 일상에서 매우 자주 사용한다. A lot 대신에 Enough(충분한)을 써서 '충분히 바쁘다.'라고 사용해도 된다.

I already have enough to do. (이미 할 것들이 충분히 있어.)

부정의 뉘앙스를 좀 더 강조하려면 A lot 대신에 Too much(너무 많은)을 써도 좋다.

Sorry, I already have too much on my plate.

(미안하지만, 해야 할 일들이 이미 너무 많아.)

A lot on my plate은 굳이 비즈니스적으로 바쁘기보다 '여러 가지 정황들로 처리해야 할 일들이 많다.' '너무 정신이 없다.' '신경 쓸 일이 많다.'라는 의미다. 단순히 바쁜 것만이 아닌 심리적으로 압도당한 여유 없음이 묻어나는 표현이다.

A lot on my plate와 비슷한 표현을 알아보자.

I have my hands full with the kids. (아이들 보느라 너무 바빠.)

I'm up to my eyeballs in work. (일이 너무 바빠.)

I'm up to my neck at the moment. (지금은 너무 바빠.)

I have work up to my ears. (할 일이 꽉 차 있어.)

I'm swamped with work. (일에 빠져 있어. (늪에 빠지다.))

네이티브처럼 쉬운 단어로 말하는 법 ⑥

영어 학습에 필요한 도구들을 활용한다

지금 당장 영어권 국가로 갈 수 없다고 해도 충분히 영어를 연습할 수 있다. 많은 언어 학습 프로그램, 팟캐스트와 영어 학습 앱이 말하기 연습을 도와준다. 영어를 배우고자 하는 사람들을 위한 학습 모임에 참가할 수 있다. 소셜 미디어에서도 원어민과 친구를 맺고 댓글과 DM으로 소통할 수 있다. 휴대전화와 컴퓨터의 언어를 영어로 변경하는 것도 좋다. 구글Google 번역에 음성 기능을 재생하면 정확한 원어민 발음을 들을 수 있다.

중요한 표현, 헷갈리는 표현은 포스트잇에 적어 눈에 띄는 곳에 붙인다. 불시에 좋은 표현을 만나게 되거나 불현듯 좋은 아이디어가 떠오르면 즉시 메모한다. 메모가 선명하게 적힌 포스트잇들을 내 방과 사무실의 눈이 많이 가는 공간에 붙인다. 눈에 익을 때까지, 내 감각에 익숙해질 때까지 계속 접하게 된다. 포스트잇 빨리 떼어내기, 빨리 교체하기를 미션으로 새롭게 익힌 표현들이 넘쳐난다.

영어로 영화, 드라마 보기

학습자 입장에서 새로운 언어를 더 많이 보고 이해할수록 그 언어로 더 많이 생각하게 되니 이 방법은 중요하다. 하지만 앞서 언급했다시피 아무 기본기 없이 영화, 드라마에만 의존해서 학습하는 것은 위험하다.

나는 중·고등학생 때부터 영어로 된 TV 프로그램과 영화를 꾸준히 봐왔다. 음악을 좋아하는 나는 팝송을 자주 들었다. 미국에 가기 전부터 미국 문화에 대해 많은 것을 미리 배운 셈이다. 이미 미디어를 통해 원어민 특유의 구어체, 교과서에 나오지 않는 그들만의 단어, 제스처 및 억양에 이미 익숙해 있었다.

나는 미국 생활 중에도 틈이 날 때마다 〈The Office〉라는 미국 드라마를 자주 봤다. 몇 편이나 봤는지 기억이 안 날 정도다. 그 드라마는 고유한 유머 코드가 나와 딱 맞아서 한동안 푹 빠져 있었다. 하루에 한 시즌을 다 끝낸 적도 있으니 말이다. 주인공이 정확히 어떤 상황에서 어떤 대사를 했는지 아직도 생생하게 기억난다. 내가 좋아하는 등장인물의 일부 대사들은 어느새 내가 실생활에서 즐겨 쓰는 표현이 되어버렸다.

단순한 영어 표현보다는 숨은 원리를 알아내려고 의식한다

원어민 친구가 특이한 표현으로 말했을 때 나는 그것을 문자 그대로 외우고 다음에 다른 친구를 만났을 때 그것을 반복했다. 친구가 살며시 웃었다. 나는 목적어를 바꾸지 않고 상황과 맞지 않게 그 표현을 쓴 것이다. 모든 공부가 그렇듯이 맹목적으로 답을 외우는 것은 통하지 않는다. 원리를 이해해야 한다. 그런 다음 상황에 맞게 수정해서 사용할 수 있다.

DAY 111

Aha moment
아하! 하는 깨달음의 순간

이전에 이해할 수 없던 문제나 개념을
갑자기 이해하는 특별한 경험을 뜻한다.
아르키메데스가 대중목욕탕에서 부력의 원리를 깨달은 후
"유레카!"를 외쳤다. 유레카(Eureka)는 그리스어로 '깨달았다'라는 표현이다.

EXPRESSIONS 10번 읽으세요

That was the aha moment.
그때 깨달았어.

쉬운 단어로 네이티브처럼 말하기

The lesson gave me aha moments.
그 수업을 들으면서 많이 깨달았어.

It was like an aha moment for me.
내게 깨달음의 순간과도 같았어.

That aha moment changed my life.
그 깨달음의 순간이 내 인생을 바꿨어.

머릿속에 대충 넣어 두었던 무언가가 가슴으로 툭! 떨어지는 현상을 영어로 Aha moment(아하 순간)이라고 한다. 갑자기 막연한 무언가가 선명하게 이해될 때 무릎을 치게 된다. 실제로 '아~ 그렇구나.' '아하!'라고 외치는 탄성을 문자 그대로 옮겨온 표현이다.

영어를 모국어로 사용하는 사람들은 대부분의 문장들을 'I~'로 시작한다. 평생 나를 데리고 내 앞가림을 하며 살아온 내가 그 어떤 유명인사보다 더 진리에 가까운 자신에 대한 답을 갖고 있다고 믿기 때문이다. 굳이 Aha moment를 타인에게서 얻으려 하지 않는다. 내 머리와 가슴으로부터 녹아 나오지 않은 누군가의 정답은 내 삶에서 그다지 효용이 없다.

깨달음이 주는 울림은 생각보다 여파가 크다. 누군가는 대수롭지 않게 흘려보내고, 누군가는 인생의 전환점을 맞는다. 그러고 보면 깨달음도 주인을 잘 만나야 한다. 의외로 크고 작은 문제와 사건들이 '무지Ignorance' 때문에 오랜 시간 풀리지 않는 숙제로 남아 있다. 하지만 무지한 사람은 대부분 이미 잘 안다고 자만하기에 자신과 자신을 둘러싼 사건들을 잘 돌아보지 않는다.

반면, 인생의 해답일지도 모르는 순간의 깨달음을 출처가 '나'라는 이유로 외면하는 사람도 있다. 늘 내 것은 보잘것없고 남의 것은 위대해 보여서 나에게서 나온 의미와 가치는 설 곳이 없다.

DAY 112

Self-discipline
자기관리

Self(자신을) Discipline(훈련한다)는 뜻으로, '자기관리', '자기 통제'라는 의미의 단어다. 본성을 따르지 않고 자신과의 약속을 지키기 위해 관리하며 통제해 나가는 것이다. 'Old habits die hard.(오래된 버릇은 여간해서 죽지 않는다.)' 즉 '세 살 버릇 여든까지 간다.'라는 속담은 영어에도 있다.

EXPRESSIONS 10번 읽으세요

She's self-disciplined.
그녀는 자기관리를 잘해.

쉬운 단어로 네이티브처럼 말하기

Self-discipline is self-love.
자기관리는 자기 사랑이다.

It's hard to be self-disciplined.
자기관리는 어려워.

Self-discipline is the key to success.
자기관리가 성공의 열쇠야.

힐러리 쌤의 절대공감 영어 표현

Fight one's instinct는 '본능에 저항해서 싸우다.'라는 표현이다. 자기관리, 통제의 의미로 자주 쓰인다. 영어 공부, 다이어트, 새벽 기상 등 삶을 유익하게 만드는 것은 마술같이 저절로 이뤄지지 않는다. 자기관리라는 일련의 훈련을 거쳐야 원하는 보상을 얻는다. 본능Instinct을 억누르고 즉각적인 만족을 지연시키기란 여간 어려운 것이 아니다. 인간의 자연적인 성향을 정면으로 저항하기 때문이다.

자신의 목표에 계속 집중하게 하는 것은 자기 훈련 즉 '자기관리'의 일부다. 자기관리를 철저하게 하는 사람들은 성공할 환경을 만드는 것에서부터 시작한다. 자기 조절은 타고나는 유전적 요인이 아닌 훈련을 통해 만들어 나가는 것이기 때문이다.

'자율'이라는 단어도 동일한 의미를 지닌다. 자율은 '남의 지배나 구속을 받지 않고도 자기 스스로 원칙에 따라 어떤 일을 하는 것'이다. 자기관리를 철저하게 한다고 해서 삶의 모든 흥분적인 요소와 재미를 없애는 것은 아니다. 자기관리에 능숙해질수록 자신이 누구인지에 대해 더 확신하게 되고 진정으로 원하는 것들을 더 많이 얻을 수 있다. 자기관리란 지루하고 엄격한 삶이 아닌 내면의 방해자를 정복하는 스릴 넘치는 게임이다.

자기관리Self-discipline와 유사한 표현으로는, Self-management(자기 경영), Self-control(자기 통제), Self-trust(자기 신뢰), Self-developmemt(자기계발), Self-respect(자기 존중감) 등이 있다.

DAY
113

Postmortem
실수를 부검하는 것

Postmortem은 '부검', '검시'라는 뜻이다.
Post는 '~이후'이고, Mortem은 '죽음'이라는 단어다.
즉, 죽음의 사인을 밝히는 '부검'인데, 어떤 문제가 잘못되었는지
낱낱이 살펴서 분석하는 '사후 분석', '사후 논의' 또한
Postmortem이라고 한다.

EXPRESSIONS 10번 읽으세요

We conducted a postmortem.
사후 분석을 했어.

쉬운 단어로 네이티브처럼 말하기

Google is famous for 'Postmortem' culture.
구글은 사후 분석 문화로 유명해.

We fixed the problem through postmortem.
사후 분석을 통해 문제를 해결했어.

I learned a lot through the postmortem.
사후 검사를 통해 많이 배웠어.

힐러리 쌤의 절대공감 영어 표현

내가 경험한 영미권 문화는 Second chance(두 번째 기회)를 주는 것에 무척 관대하다. 특히 같은 목표를 향해 나아가는 과정에서 예기치 못한 실수가 발생했을 때 당사자를 면책하고 벌을 주기보다는 오히려 원인Root cause을 찾아 분석하고 좋은 방안을 찾아내는 것을 더 선호한다. 그것을 Postmortem(사후 분석)이라 부른다.

사후 분석을 '하다'라는 동사로는, Do(Conduct, Perform, Run) a postmortem처럼 모두 쓸 수 있다.

'사후 분석'은 특정인을 향한 비난과 징계보다는 정말 핵심적인 단서나 통찰에 더 몰두하겠다는 의도적인 선택이다. 비난의 화살을 쏜다고 해서 일이 해결되는 것은 아니다. 오히려 다른 사람들이 자신의 책임을 회피하기 위해 개인의 입장에서만 움직이는 악영향을 초래할 수도 있다. 함께 사후 분석하고 해결책을 도출하여 Lesson learned(깨달은 바)를 다 같이 공유하는 편이 낫다.

Postmortem의 반대 표현은 Premortem(사전 논의)다. 일이 생기기 전에 최악의 시나리오들을 미리 분석해서 자신의 편견과 무지를 극복하고 좀 더 정확한 판단을 내리는 것이다.

한편, 칭찬받을 만한 모범 사례는 Best practice라고 부른다. 여기서 Practice는 '연습'이 아니라 '관행'으로 해석하는 것이 맞다.

이런 괄목할 만한 성공 사례는 전 직원들이 공유하고 각자의 업무에 비추어 보기도 한다. 칭찬과 격려를 그때그때 적극적으로 하는 적극성을 띤 문화권인 만큼 분위기가 한층 쾌활한 편이다.

DAY 114

In my defense
그게 말이야, 굳이 변명하자면

Defense는 '수비', '방어'라는 뜻을 가진 단어다. 따라서 In my defense는 상대의 비난이나 난처한 입장으로부터 자신을 방어하는 표현이다. '내 입장은', '변명하자면'으로 해석할 수 있다. 자신의 요점을 강압적으로 들이밀기보다는 자기 입장을 차근차근 설명하기 위해 쓰는 표현이다.

EXPRESSIONS 10번 읽으세요

In my defense, I wasn't feeling well.
변명하자면, 몸이 안 좋았어.

쉬운 단어로 네이티브처럼 말하기

In my defense, it was not my choice.
변명하자면, 내 선택이 아니었어.

In my defense, I was too busy.
변명하자면, 너무 바빴어.

In my defense, I thought it was mine.
변명하자면, 그게 내 것인 줄 알았어.

억울한 일을 당하거나 의도치 않은 실수로 상대의 비난을 받을 때가 있다. 해명해야 할 때 "미안해"(I'm so sorry.) 또는 "내 입장은 말이야"(In my defense) 이렇게 대화를 시작할 수 있다. "No!"라고 무작정 외치는 것보다 차근차근 자기 입장을 설명해 주면 싸움으로 번지는 것을 막을 수 있다.

하지만 늘 똑같은 변명을 하거나 논리가 충분하지 않을 때 "That's a lame excuse."(구차한 변명이야.)라며 상대가 반박할 수도 있다.

매번 모든 것을 공격으로 받아들이고 방어하려는 '방어 기제'를 영어로 Defense mechanism(디펜스 메커니즘)이라고 한다. 의사소통의 기술이 부족하거나 자주 불안을 느끼는 사람은 자기주장을 펼칠 때 방어적으로 나오기 때문에 말 한마디 한마디가 불화의 씨앗이 될 가능성이 높다. 비판은 방어를 낳고 또 다음 비판으로 이어지니 이 순환 고리가 여간해서는 깨기 어렵다.

'방어적인', '방어적인 태도를 보이는'이란 형용사는 Defensive이고, '방어적인 성향'은 명사로 Defensiveness라고 표현한다.

She's always defensive. (그녀는 늘 자기방어적이야.)

참고로, 신체적으로 위험한 상황에서 자신을 보호하는 호신술은 Self-defense라고 한다.

DAY 115

Sugarcoat
사탕발림, 미화시키다

문자적인 해석은 Sugar(설탕)으로 Coat(코팅하다) 즉, 상대가 호의적으로 받아들이도록 실제와는 다르게 왜곡시키는 것이다. Sugarcoat는 '미화시키다', 있는 그대로를 이야기하지 않고 '그럴듯하게 꾸미다', '왜곡하다'라는 부정적인 뉘앙스를 띤다. 진실이 듣기 불편할 때가 있지만, 늘 듣기 좋게 말하거나 '사탕발림'으로 말하는 것은 불이익을 초래한다.

EXPRESSIONS 10번 읽으세요

Don't sugarcoat it.
미화시키다.

쉬운 단어로 네이티브처럼 말하기

It's sugarcoated.
듣기 좋으라고 하는 말이야.

I'm not trying to sugarcoat it.
사탕발림으로 하는 말이 아니야.

I'm not going to sugarcoat this.
있는 그대로 사실을 이야기할게.

힐러리 쌤의 절대공감 영어 표현

Sugarcoat는 Sugar(설탕)을 옷처럼 Coat(입히는, 코팅하는) 표현이다. 실제로 알약, 환약의 표면에 당류를 입혀서 먹기 좋게 하는 행위를 비유해서 쓰는 표현이다. 실제로는 나쁜 소식을 좋게 전하거나 듣기 좋게 '본질을 왜곡시키다'라는 표현이다.

가혹한 진실을 거르지 않고 말하는 사람이 있는 반면, 늘 긍정적으로 미화시키는 사람들도 있다. 어떤 사람들은 좋은 소식, 긍정적인 말만 듣고 싶어 한다. 결국, 이것은 아첨과 허위를 바탕으로 한 의사소통의 뿌리를 발견하지 못하고 관계를 위험에 빠뜨릴 수 있다. 갈등을 회피하고 자신의 설득력을 높이려는 조작적인 소통은 '인식 조작'이다.

굳이 악의가 없더라도 누군가의 감정을 다치지 않게 하려고 사탕발림을 하는 때도 있다. 주로 주변 사람들의 감정을 잘 돌보고 이타성이 강한 사람일수록 그렇다. 하지만 심리학적으로는 상대가 실제의 메시지를 감당할 수 있을 만한 성숙함이 없다고 가정하는 자체가 공격적, 기만적이라고 한다. 다른 사람의 정서적 안녕이 자신에게 달려있다고 믿기 때문이다. 그리고 잠재적으로 부정적인 영향으로부터 자신을 미리 보호하기 위한 방어 기제이기도 하다.

Sugarcoat와 같은 표현으로는, Put a good face on(좋아 보이는 얼굴을 하다), Sweeten(달게 만들다), Gloss(윤이 나게 하다), Whitewash(세척하다) 등이 있다.

DAY 116

Second nature
습득된 천성, 몸에 밴 것

문자적인 해석은 Second(두 번째의) Nature(천성)이다. 즉, 무언가를 습득하여 '천성'이라 느껴질 정도로 익숙하고 쉬워지는 노력의 결과이다. Nature은 '자연'과 동시에 '천성', '타고난 성향'이라는 뜻도 있다. It's my second nature.은 '이제 습관이 됐어.'라고 해석해도 좋다.

EXPRESSIONS 10번 읽으세요

It's my second nature.
이제 완전히 몸에 배었어.

쉬운 단어로 네이티브처럼 말하기

Driving is my second nature.
운전이 매우 익숙해.

It became my second nature to teach.
가르치는 게 매우 익숙해졌어.

Speaking English is my second nature.
영어로 말하는 것이 많이 익숙해졌어.

힐러리 쌤의 절대공감 영어 표현

인간의 모든 행동의 약 45%가 습관에서 나온다고 한다. 습관을 영어로 Habit이라고 하고, 동시에 Second nature(제2의 천성)이라고도 한다. 그만큼 수없이 반복하고 경험한 결과이다.

운동선수들은 현란하고 민첩한 몸놀림을 경기 내내 선사한다. 그것은 매 순간 의도된 퍼포먼스이기보다 단지 축적된 습관(Second nature)를 따르기 때문에 가능한 일이다. 내가 목표로 하는 것을 이루기보다는 그 목표가 나의 일부가 되는 것을 시각화하면 이해에 도움이 된다.

파스칼은 《팡세》에서 "습관은 천성을 파괴하는 제2의 천성이다."라고 했다. 익숙한 패턴만 추구하려는 타고난 '천성'을 자신이 원하는 새로운 습관 '제2의 천성'으로 밀어내는 것이다. 예를 들면, 다이어트는 단순히 체중을 감량하는 것이 아니다. '식습관'을 개선해 나가는 것과 나태함에서 벗어나 운동을 하는 새로운 천성으로 갈아타는 것이다. 습관을 자유자재로 만들어내고 운용할 수 있는 사람은 원하는 목표를 달성하기가 훨씬 수월하다.

습관에 관련된 표현을 알아두자.

Old habits die hard. (세 살 버릇 여든까지 간다.)

I want to break this habit. (이 버릇을 고치고 싶어.)

It's not easy to change habits. (습관을 바꾸는 건 쉽지 않지.)

I don't like his drinking habits. (그의 술버릇이 싫어.)

DAY 117

Sour grapes
자기합리화

Sour는 '신맛이 나는'이고, Grapes는 '포도'라는 뜻이다. 신맛이 나는 포도는 이솝 우화 중 '여우와 포도' 이야기처럼 원하는 무언가를 얻지 못할 때 오히려 '원하던 것이 아니다.'라고 하는 '적대적 태도'를 보이고 '자기합리화'를 한다. 개인의 실수나 실패를 은폐하고 내면의 평화를 유지하려는 심리다.

EXPRESSIONS 10번 읽으세요

It sounded like sour grapes.
자기합리화처럼 들렸어.

쉬운 단어로 네이티브처럼 말하기

I think it's just sour grapes.
내 생각엔 그냥 오기인 거 같아.

Everyone knew it was sour grapes.
자기합리화라는 걸 모두가 알고 있었어.

His comments were just sour grapes.
그의 말은 못난 오기일 뿐이었어.

힐러리 쌤의 절대공감 영어 표현

이솝 우화의 '여우와 포도'에서 여우는 잘 익은 포도를 따려고 시도했지만 실패했다. 그러고는 '저 포도는 분명 신맛이 났을 거야.'라며 자신의 무능을 받아들이지 않고 '지기 싫어하는' 태도를 보였다. Sour grapes란 특정한 것을 원하면서 자신의 능력 밖인 것을 알 때 일부러 겉으로 원하지 않는 척하는 '오기', '자기 기만적인 태도'를 뜻한다.

자신의 믿음과 결과가 상충할 때 결과를 돌이킬 수 없으므로 결과에 따라 자신의 믿음을 재조정해 나가는 것은 인간의 기본적인 심리다. 자신의 노력이 헛된 것 같은 느낌을 피하기 위해 '신 포도'라고 정의를 내린 여우와도 같다. 이것은 좌절감과 심리적 압박감에서부터 나오기 때문에 내면의 불안을 '희석'시키고 내면의 손상을 줄이기 위한 자기방어 기제다. 이런 현상을 '신 포도 메커니즘'Sour grapes mechanism 또는 '신 포도 효과'Sour grapes effect라고 한다.

DAY 118

It wouldn't hurt to
밑져야 본전

would는 '~일 것 같다.'라는 추측의 의미다. hurt는 '다치다'라는 동사다.
문자적인 해석으로는 '~한다고 다치지는 않을 것이다.'이다.
즉, '~한다고 해서 손해 볼 것은 없다.' '밑져야 본전.'이라는 뜻이다.
밑져봐야 본전이니 이왕이면 '~하는 게 좋다.'라는 권유의 완곡한 표현이다.

EXPRESSIONS 10번 읽으세요

It wouldn't hurt to ask.
물어봐서 나쁠 건 없지.

쉬운 단어로 네이티브처럼 말하기

It wouldn't hurt to **try.**
시도한다고 해서 손해 볼 건 없어.

It wouldn't hurt to **apply for it.**
지원해 보는 것도 나쁘지 않은 거 같아

It wouldn't hurt to **call first.**
먼저 전화해 봐도 괜찮을 거 같은데.

힐러리 쌤의 절대공감 영어 표현

It wouldn't hurt to~는 '밑져봐야 본전이니 이왕이면 ~하는 게 좋다.'라는 권유의 완곡한 표현이다. wouldn't 대신에 can't나 couldn't로 바꿔 써도 좋다.

It can't hurt to study English. (영어 공부하는 것도 나쁘지 않지.)

다른 권유의 표현으로는 아래의 표현들이 있다. 대화체에서는 'You must~', 'You have to~'처럼 강제성을 띤 표현보다 좀 더 부드럽게 권유하는 성향이 있다.

I thought you might want to check this out.

(네가 이걸 확인해 보길 원할 수도 있다고 생각했어.)

You may as well talk to him first.

(먼저 그 사람과 얘기 하는 게 더 나을 거야.)

You can always talk to me.

(나랑 대화하면 돼. (항상 가능성은 열려있다는 뉘앙스.))

Well, if you want my opinion, I'd rather not do it.

(글쎄, 내 의견을 원한다면, 차라리 하지 않을 거 같아.)

Why don't you check it online?

(인터넷으로 확인해 보는 건 어때?)

Have you thought about buying a new one?

(새것으로 사는 것은 생각해 봤어?)

DAY 119

Outside the box
틀을 벗어난, 창의적인

상자 자체를 머릿속에 떠올리기만 해도 '틀, 제한된 공간, 닫힌 공간'이라는 이미지가 떠오른다. Outside the box의 문자적인 해석은 '상자 밖의'이다. 'Think out of the box'와 'Think outside the box'는 동일하다. 정해진 상자 내에서 생각하는 것이 아니라 '틀에서 벗어난', '창의적인', '참신한'이라는 의미다.

EXPRESSIONS 10번 읽으세요

He thinks outside the box.
그는 틀에서 벗어난 생각을 해.

쉬운 단어로 네이티브처럼 말하기

You have to think outside the box.
창의적인 발상을 해야 해.

I've been trying to think outside the box.
창의적으로 생각하려고 노력해 오고 있어.

Thinking outside the box isn't easy.
창의적인 생각이 쉽진 않아.

박스를 틀에 비유한다면 '틀 밖에서' 생각하는 것이다. 즉, 창의적이고 새로운 접근을 Outside the box라고 표현한다. 얼마든지 유추해 볼 수 있는 비교적 쉬운 표현이다.

Box에 해당하는 기존의 방식과 고정관념은 의식에 제동을 걸고 생각을 제한시킨다. 할 수 있거나 할 수 없는 것에 대한 우리의 확고한 신념은 꽤 무서운 존재다. 자신의 인지적 한계가 가능성보다 더 크게 느껴질 때 심리적으로 위축되고 문제를 해결할 수 있는 능력이 감퇴하기 때문이다. 머릿속으로 생각하거나 무심결에 말로 표현되는 한계와 두려움이 실제의 가능성으로부터 장벽을 만들어 심리적으로 분리시킨다.

불안한 나머지 더 친숙한 요소 위주로(Inside the box) 해결책을 모색하게 되고 결국 이 순환 고리는 쉽게 끊어지지 않는다. 제한적인 자기 신념과 자기의 틀을 벗어날 때 탐색하고 연결시키고 혁신으로 이끄는 새로운 가능성을 발견한다.

그래서 '~하기 때문에'(Inside the box)의 발상보다는 '만약 ~한다면'의 Outside the box(창의적인 발상)을 하는 것이 좋다. 실제로 '창의'를 실행해내는 사람들은 기존의 자신의 틀과 '고정관념의 목록'(List of stereotypes)을 정직하게 작성해 본다. 그리고 그 목록들이 사실인지 밝히기 위해 객관적으로 파헤친다.

DAY 120

Smooth road ahead
꽃길, 눈앞의 평탄한 길

Smooth road는 말 그대로 '부드러운 길'이다. Ahead는 '앞으로'라는 전치사다. 즉, '앞으로의 밝은 전망', '미래의 평탄한 길'이라는 뜻이다. 반대의 의미로 Bumpy road가 있다. Bumpy(울퉁불퉁한)는 Smooth(부드러운)의 반대말이다. Rough(험난한) 또한 Bumpy와 동일한 의미다.

EXPRESSIONS 10번 읽으세요

He promised smooth road ahead.
그는 앞으로 다 잘 될 것이라고 약속했어.

쉬운 단어로 네이티브처럼 말하기

I'll smooth out the road ahead of you.
널 위해 길을 닦아 놓을게.

I knew the road ahead wouldn't be smooth.
평탄하지 않을 것을 알고 있었어.

The road ahead won't be always smooth.
늘 평탄하지만은 않을 거야.

힐러리 쌤의 절대공감 영어 표현

삶의 문제와 도전이 없는 평탄한 길은 Smooth road이다. 평탄한 길에서는 걷는 것이 즐겁고 소모가 적다. 하지만 실상 누구에게도 Smooth road만 존재하지는 않는다. 예기치 못한 일들과 변수가 있는 현실적으로 험난한 길을 Bumpy road 혹은 Rough road라고 한다.

영어 표현 중에 Take easy way out이 있다. 문자적으로는 '쉬운 방법을 취하다.'이지만 실제로는 '최선의 방법이나 정당한 대가를 치르지 않고 자신이 편하고 유리한 방법을 모색해서 빠져나가다.'라는 부정의 뉘앙스를 띤다. 무조건 쉽고 평탄한 것이 좋은 것만이 아니라는 서구인들의 보편적인 생각을 여실히 반영하고 있다.

안전만 추구하고, 편한 사람만 만나고, 익숙한 장소에만 머물려고만 하면 성장할 기회를 놓친다. 그런 의미에서 성장은 목표가 아니라 의무에 가깝다.

미지의 영역으로 조금씩 뿌리를 내리고 성장하는 것이 생명력을 유지하는 유일한 방법이다. 알면서도 고정된 자기 범주에서 벗어나 외부와 소통하고 능력을 확장하고 싶은 의지가 부족할 때도 있다. 그러나 서두르지 않고 차근차근, 미련하리만큼 한 발 한 발 나아가면 어렵지 않다.

왜 이렇게 심각한 거야? (Why so serious?)

주위를 보면 대부분이 무표정이거나 찡그린 인상이 기본값이다. 한국에서는 낯선 사람에게 미소를 지으면 이상한 사람 취급을 당한다. 하지만 영어권에서는 낯선 사람과 눈만 마주쳐도 미소를 짓는다. 서양의 개인주의 정서 이면에 숨어 있는 반전이라고 생각하겠지만, 미소를 짓는 데는 다 나름의 이유가 있다. 총기를 자유롭게 소지할 수 있었던 오랜 문화적 배경 때문에 타인에게 건네는 '악수'와 '미소'는 단순한 친절과 배려 그 이상이다. '나는 당신을 해치지 않는 안전한 사람이다.'라고 상대를 안심시키는 암묵적 메시지다.

우리 신체는 미소를 지을 때 마흔두 개의 작은 근육들을 사용한다. 미국 생활을 오래 하다 보니 어느새 모르는 사람에게도 작은 근육들을 사용하여 미소를 건네는 것이 꽤 익숙해졌다. 미소를 지으며 배려하는 것이 즐거운 습관이 되면 흥미롭게도 인간의 두뇌에 보상 센서가 작동한다. 도파민과 옥시토신 같은 기분 좋은 화학물질의 분비가 늘어난다. 결국 미소를 짓고 배려하는 것은 상대만 윤택하게 하는 'win or lose' 게임이 아니라 자신도 넉넉해지는 'win-win' 게임이다.

네이티브가 자주 쓰는 영어를 해석해 보세요

They came clean.

Deep down, I was happy.

It runs in my family.

I'm keeping a low profile.

Let's take this offline.

Everyone has their soft spot.

You're on the right track.

Well, it's not rocket science.

It's finally bearing fruit.

I have a lot on my plate.

한글 해석은 뒷 페이지에 →

네이티브가 자주 하는 말을 영어로 해보세요

그들은 사실을 인정했어.

내심, 기뻤어.

그건 우리 집안 내력이야.

눈에 띄지 않게 살고 있어.

이건 나중에 따로 이야기하자.

모두가 마음이 약해지는 부분이 있어.

넌 제대로 잘하고 있어.

글쎄, 이게 그렇게 어려운 건 아닌데.

이제야 결실을 맺고 있어요.

할 일이 너무 많아요.

← 영어 표현은 앞 페이지에

네이티브가
자주 쓰는
영어를
해석해 보세요

That was the aha moment.

She's self-disciplined.

We conducted a postmortem.

In my defense, I wasn't feeling well.

It's sugarcoated.

It's my second nature.

It sounded like sour grapes.

It wouldn't hurt to ask.

He thinks outside the box.

He promised smooth road ahead.

한글 해석은 뒷 페이지에 →

네이티브가 자주 하는 말을 영어로 해보세요

그때 깨달았어.

그녀는 자기관리를 잘해.

사후 분석을 했어.

변명하자면, 몸이 안 좋았어.

듣기 좋으라고 하는 말이야.

이제 완전히 몸에 배었어.

자기합리화처럼 들렸어.

물어봐서 나쁠 건 없지.

그는 틀에서 벗어난 생각을 해.

그는 앞으로 다 잘 될 것이라고 약속했어.

← 영어 표현은 앞 페이지에

네이티브처럼 쉬운 단어로 말하는 법 ⑦

0개 국어

A: "명현아, 그런데 인볼브(involve) 되지 마!(엮이지 마!) 너무 댄저뤄스(dangerous)해!(위험해!)"

B: "알았어. 좀 이따 카스코우(CostCo, 코스트코) 갈까?"(실제로 미국인들은 CostCo(코스트코)를 "카-스코우"라고 하고 IKEA(이케아)를 "아이키-아"라고 한다.)

A: "아이키아(IKEA, 이케아)에 가구 보러 갔다가 의사를 보러 가야 해. I should see a doctor.(병원에 가다.)"('병원에 가다.' 또한 '의사를 본다'(see a doctor)라고 한다. 표현이 좀 더 단도직입적이다. 어차피 병원 건물에 들어가도 결론은 의사와 만나서 이야기하는 것이니까. 우리말 그대로 '병원에 가다'(go to a hospital)은 오히려 부자연스러운 표현이다.)

B: "그래? 몇 시에?"

A: "아 맞다. 렛미 첵 더 스케줄!(Let me check the schedule!)

위 대화는 0개 국어로 변해가고 있는 사람들의 대화이다. '0개 국어'란 오랜 시간 외국에 살다가 한국에 살며 이도 저도 아닌 자기 마음대로 두 언어를 넘나드는 사람끼리 쓰는 은어다.

영어로 하려면 갑자기 최근에 많이 쓰는 한국어가 반칙을 걸며 훅 들어오고, 한국어로 대화하려면 영어식으로 사고하는 습관이 있어 영어 단어가 의도치 않게 튀어나온다. 완벽한 영어도 아니고 완벽한 한국어도 아니라고 해서 '0개 국어'라고 부른다.

화창한 어느 날 오후, 커피숍에서 위의 대화를 나누다가 모든 사람의 눈총을 한 몸에 받았다. 대화 상대는 미국에서 나고 자라 한국어를 전혀 못 하는 아이들과 어떻게 해서든 소통하려는 한국인 이민자 엄마였다. 그녀는 늦깎이 나이에 미국으로 시집가서 아이를 낳는 바람에 아이들과 영어로 소통하는 데 있어 어려움이 많다. 이제 우린 서로 0개 국어가 되지 않기 위해 부단한 노력을 한다. 한국어를 써야 할 때는 조각난 영어 토막을 군데군데 넣기보다는 일부러 배제시킬 때도 있다.

사내 영어 공용화 시대가 눈앞에…

영어는 나이와 지위에 따라 단어나 표현이 바뀌는 경우가 거의 없다. 회사에서 영어를 쓰면 어떻게 될까? 업무 외에 불필요한 체면, 눈치, 위계질서를 허물고 효율성을 높일 수 있다. 회사로서는 막상 영어가 안 되니 떠나겠다는 직원과 영어를 공부하고 이를 성장의 계기로 삼겠다는 진취적인 직원들을 가려낼 수 있다. 후자는 실제로 새로운 상황에 대처하고 자기계발을 하기 위해 집중적으로 언어 연수를 받고 실력이 늘어간다. 외국인 인력이 투입되어도 부드럽게 융화될 수 있다. 사내 문화를 혁신했다는 것만으로는 총체적인 성과를 평가하기에 한계가 있다. 하지만 전 직원이 국제적인 시야를 확보하게 되는 것만은 자명한 사실이다.